Ja genau!

Deutsch als Fremdsprache

Lösungen

B1

1 Über das Lernen

1
1. Gehirn / aufnehmen
2. aussortiert / nützlich
3. Konzentration / Regeln
4. täuschen
5. Tricks / ausprobieren
6. Experten / Ratschläge

2
1: Gleiche – 2: unterschiedliche – 3: Reihenfolge – 4: Zeichnung – 5: ausdenken – 6: nützlich – 7: mitschreiben – 8: Ratschlag – 10: fällt ... ein – 11: abschalten – 12: hintereinander – 13: herumlaufen 14: Blut – 15: Gehirn – 16: Forscher – 17 fördert

3
1. der Ton, die Töne – 2. der Abschnitt, die Abschnitte – 3. das Kaugummi, die Kaugummis – 4. (sich) leihen – 5. drehen – 6. der Knopf, die Knöpfe – 7. das Wunder, die Wunder – 8. die Brust, die Brüste

4
1. der Wunsch – 2. die Diskussion – 3. der/die Forscher/in – 4. die Konzentration
Vorschläge:
Ich wünsche mir zum Geburtstag ein großes Fest.
Wir diskutierten lange über deinen Vorschlag.
Zum Lernen und Denken hat man schon viel geforscht, aber man weiß noch nicht alles.
Wenn ich müde bin, kann ich mich nicht konzentrieren.

5
a)
1. Herr Geyer würde gern mehr Bewegung in den Unterricht bringen.
2. Frau Sander und Frau Meinhold würden gern täglich die Hausaufgaben kontrollieren.
3. Die Direktorin würde gern Kurse mit kleineren Gruppen anbieten.
4. Die jungen Lehrer würden gern mit den Schülern über Methoden diskutieren.
5. Frau Völler würde gern die unterschiedlichen Lerntypen stärker fördern.
7. Herr Kiesand würde gern Lernplakate an die Wand hängen.
8. Alle Kursleiter würden gern die Lerner/innen zum Führen von einem Lerntagebuch auffordern.

b) *Vorschläge:*
1. Ich würde gern mehr Bewegung in den Unterricht bringen, aber wir haben zu wenig Platz.
2. Wir würden gern täglich die Hausaufgaben kontrollieren, aber wir haben zu wenig Zeit.
3. Ich würde gern Kurse mit kleineren Gruppen anbieten, aber wir haben zu wenig Kursräume.
4. Wir würden gern mit den Schülern über Methoden diskutieren, aber wir haben zu wenig Zeit.
5. Ich würde gern die unterschiedlichen Lerntypen stärker fördern, aber wir haben zu wenig Lehrer.
7. Ich würde gern Lernplakate an die Wand hängen, aber man darf die Wände nicht bekleben.
8. Wir würden gern die Lerner/innen zum Führen von einem Lerntagebuch auffordern, aber sie haben keine Lust.

6
1: würdest – 2: wäre – 3: würden – 4: hätte – 5: wäre – 6: wüssten – 7: wäre – 8: würde – 9: würde – 10: hätte – 11: würde – 12: hätte – 13: würde – 14: wüsste

7 *individuelle Lösung*

8
1: würde – 2: hätte – 3: könnte – 4: müsste – 5: sollte – 6: würde – 7: könnten – 8: wäre – 9: sollten – 10: könnten – 11: sollten – 12: müsste – 13: hätte – 14: sollten – 15: würden

9
Farjad soll:
– Videos ansehen
– viel sprechen
– die neuen Wörter aufnehmen und sie als Audio-Dateien speichern
– beim Abhören die Übersetzung laut sagen
– eigene Merksätze und Tabellen schreiben
– sie im Bad neben den Spiegel aufhängen

10
Richtig: 1, 3, – falsch: 2, 4

11
1B – 2X – 3C – 4E – 5G – 6D

12 *Vorschlag:*
Juliana: Ich finde, dass die Kinder alleine arbeiten sollten. Denn dann müssen sie ihre Aufgaben selbst organisieren.
Nadine: Aber ich glaube, dass man auch das Lernen erst einmal lernen muss und dabei brauchen die Kinder Hilfe. Außerdem sind die Aufgaben oft viel zu schwer.
Juliana: Aber wenn die Kinder immer Hilfe bekommen, lernen sie nichts. Sie müssen selbstständig denken.
Nadine: Wenn die Kinder mit ihren Eltern zusammen lernen oder Nachhilfe bekommen, lernen sie meistens viel mehr als alleine. Dann bekommen sie auch bessere Noten.
Juliana: Wenn Kinder selbstständig arbeiten, werden sie unabhängiger und das stärkt das Selbstbewusstsein.
Nadine: Auch die Eltern können die Kinder mit ihrer Hilfe stärker machen.

13 *Vorschlag:*
Liebes Linguaenglish-Team,
ich würde gern einen Anfängerkurs an Ihrer Schule machen und hätte noch einige Fragen. Wo wohnen die Kursteilnehmer denn? Vermieten Sie auch Zimmer oder muss ich mich selbst um ein Hotel kümmern?
Haben Sie Tipps für eine günstige Anreise aus X? Würden Sie mich vom Flughafen oder Hafen abholen?
Wie teuer wäre es, einen dreiwöchigen Kurs im Juli zu machen und könnten Sie mir die genauen Termine schicken?
Vielen Dank für Ihre Antwort im Voraus.
Mit freundlichen Grüßen
(Name)

14
a) *b ist richtig*
b) *individuelle Lösung*

2 Märchenwelten

1
a) *positiv:* Satz 2 und 4
negativ: Satz 1, 3 und 5
b) 1E – 2C – 3D – 4A – 5B

2
3: einen – 4: einem – 5: eine – 6: ein – 7: die – 8: Der – 9: eine – 10: dem – 11: der – 12: eine – 13: die – 14: Die – 15: dem – 16: das – 17: einen – 18: dem – 19: die – 20: eine – 21: einen – 22: der – 23: einen

3
1. vorgelesen – um ... geht
2. retten – schneiden – rufen – läuft ... runter
3. verwandelt – kommt ... herein – verspricht
4. laufen ... weg – heiraten

4
bieten – bot / ziehen – zog / wiegen – wog / fliegen – flog;
bleiben – blieb / schreiben – schrieb;
brechen – brach / sprechen – sprach;
bringen – brachte / denken – dachte;
essen – aß / sitzen – saß / lesen – las;
fallen – fiel / schlafen – schlief
müssen – musste / wissen – wusste;
sollen – sollte / wollen – wollte

5
regelmäßige Formen
arbeiten / haben / küssen / leben / wohnen

unregelmäßige Formen
bekommen / geben / gehen / sehen / schneiden / tragen

Modalverben
können / sollen / wollen

6
a) ging – gingst – ging – gingen – gingt – gingen
b) nahm ... teil – nahmst ... teil – nahm ...teil – nahmen ... teil – nahmt ... teil – nahmen ... teil
c) gab – gabst – gab – gaben – gabt – gaben
d) kam – kamst – kam – kamen – kamt – kamen
e) hatte – hattest – hatte – hatten – hattet – hatten
f) war – warst – war – waren – wart – waren

7 *Vorschlag:*
Walt Disney kam am 5. Dezember 1901 in Chicago zur Welt, schon mit 14 Jahren begann er zu zeichnen. 1916 besuchte er die Kunstakademie und ein Jahr später ging er mit dem Roten Kreuz nach Frankreich, weil er für das Militär noch zu jung war. 1919 lernte er den Künstler Ub Iwerks kennen und produzierte mit ihm seinen ersten Zeichentrickfilm. Danach machte er sich mit seinem Bruder selbstständig und produzierte einige Kurzfilme, aber er hatte keinen Erfolg.
1922 ging er nach Hollywood. Dort hatte er eine Idee: Er wollte Tiere wie Menschen darstellen. Sein Film „Oswald, der lustige Hase" war ein großer Erfolg, aber das Geld verdienten andere mit dem Film. 1923 gründete er seine eigene Firma und zwei Jahre später heiratete er. 1926 zeichnete sein Partner Ub Iwerks die berühmteste Maus der Welt. Sie wurde ein Star und er bekam 1936 sogar einen Ehren-Oscar für sie. Er produzierte noch viele Filme und gründete auch einen großen Vergnügungspark. Er starb am 15. Dezember 1966, aber seine Firma gibt es bis heute.

8
1. Nachdem wir selbst ein Märchen geschrieben hatten, wollten wir aus dem Märchen einen Film machen.
2. Nachdem wir uns ein Drehbuch ausgedacht hatten, suchten wir die Schauspieler.
3. Nachdem wir gute Schauspieler gefunden hatten, luden wir einen Regisseur ein.
4. Nachdem der Regisseur unser Drehbuch gelesen hatte, begann er mit der Arbeit am Film.
5. Nachdem man zwei Jahre an dem Film gearbeitet hatte, war er fertig.
6. Nachdem wir den Film unseren Freunden und Familien gezeigt hatten, stellten wir einen Ausschnitt von dem Film ins Internet.
7. Nachdem viele Menschen sich ihn angesehen hatten, verkauften wir DVDs.
8. Nachdem wir eine Million Euro mit unserem Film verdient hatten, waren wir sehr glücklich.

9
1c – 2f – 3g – 4e – 5d – 6i – 7b – 8a – 9h

10
1. Sternchen – 2. Tellerchen – Tässchen – 3. Hündchen – 4. Brötchen

11
Thema b ist richtig.

12
1. Zeile 2 – 2. Zeile 12–24 – 3. Zeile 21 und Zeile 37 – 4. Zeile 24–32 – 5. Zeile 35–39 – 6. Zeile 40–45 – 7. Zeile 45–48

13 *Vorschlag:*
Viele Kinder kennen heute die Märchenfiguren nicht mehr. Deshalb hat eine Literaturwissenschaftlerin einen Verein gegründet. Sie möchte, dass die Märchen bekannt bleiben. Denn sie glaubt, dass Märchen gut für die Kinder sind und bei ihrer Erziehung helfen. Sie organisiert jedes Jahr viele Veranstaltungen, aber ihr Verein hat Geldprobleme. Zum Glück bekommt sie immer wieder Hilfe von engagierten Eltern und Prominenten. Viele berühmte Schauspieler oder aus dem Fernsehen bekannte Leute kommen auch zu einer Märchenstunde und lesen den Kindern die Märchen vor.
Das Jahr 2012 ist für den Verein wichtig, denn vor genau 200 Jahren haben die Gebrüder Grimm ihre Märchensammlung veröffentlicht. Deshalb ist auch ein neues Märchenbuch von Silke Fischer erschienen.

14
a) a3 – b2 – c7 – d1 – e5 – f8 – g6 – h4

15 *individuelle Lösung*

3 Werte und Wünsche

1 *Vorschläge:*
Werte, die man bezahlen kann: das Auto, der Besitz, die Bildung, das Gold, die Hubschrauber-Tour, das Sparkonto, der Tablet-Computer, die Villa
Werte, die man nicht bezahlen kann: die Demokratie, die Freiheit, die Freundschaft, der Frieden, die Gerechtigkeit, der Glaube, das Glück, die Sicherheit, das Zuhause

2
a) europäischen – Studium – tanken – Touren – zurückgekommen – wirtschaftliche – Freiheit – finanzieren – Werte – Demokratie – Sicherheit – Frieden – Regierungen – Kompromisse – Glaube
b) *Adjektive:* europäisch, wirtschaftlich
Verben: tanken, zurückkommen, finanzieren
Nomen: das Studium – die Studien, die Tour – die Touren, die Freiheit – die Freiheiten, der Wert – die Werte, die Demokratie – die Demokratien, die Sicherheit – die Sicherheiten, der Frieden – *, die Regierung – die Regierungen, der Kompromiss – die Kompromisse, der Glaube – *

3
1. Sicher**heit** – 2. europä**isch** – 3. Vermut**ung** – 4. Regier**ung** – 5. Gerechtig**keit** – 6. Bild**ung** – 7. Freund**schaft** – 8. Gründ**ung**

4
1d – 2c – 3a – 4b – 5f – 6e

5
1: verbieten – 2: Staat – 3: sorgen – 4: demonstrieren – 6: halte – 7: festgestellt – 8: Argument – 9: Unsinn – 10: Grund – 11: Gerechtigkeit – 12: Freiheit – 13: hinausgehen – 14: Kompromisse

6
1 (denken) an – 2: an (etwas glaubt) – 3: (sich) für (etwas interessieren) – 4: (ärgere mich) über – 5: (hängt) von ... (ab) – 6: (halte) von

7
1. Ich habe dich gefragt, **wann** heute der Krimi im Fernsehen anfängt.
2. Ich habe dich gefragt, **was/wie viel** du für den Einkauf bezahlt hast.
3. Ich habe dich gefragt, **wo** deine Herztabletten sind.
4. Ich habe dich gefragt, **wohin** du die Zeitung gelegt hast.
5. Ich habe dich gefragt, **was** wir am Wochenende machen wollen.
6. Ich habe dich gefragt, **warum** du heute Mittag nicht schlafen konntest.
7. Ich habe dich gefragt, **wer** heute früh angerufen hat.
8. Ich habe dich gefragt, **wie** oft du heute schon etwas getrunken hast.
9. Ich habe dich gefragt, **wie** lange du heute deine Gymnastik gemacht hast.

8
1. Ich habe Reni gefragt, was sie heute gemacht hat. Sie hat erzählt, dass sie ein wenig im Garten gearbeitet hat.
2. Ich wollte wissen, wie es ihrem Bein geht. Sie hat geantwortet, dass es ihm viel besser geht und dass es nicht mehr weh tut.
3. Mich hat interessiert, wer ihr beim Einkaufen hilft und Reni hat erzählt, dass ihr Enkel ihr immer alles mitbringt.
4. Ich habe Reni gefragt, wann ich zu ihr kommen könnte und sie hat geantwortet, dass es am Sonntag gut wäre.
5. Ich wollte wissen, warum es nicht früher geht. Sie hat erzählt, dass bis Sonntag ihre Tochter zu Besuch ist.
6. Ich habe Reni gefragt, wo Petra jetzt arbeitet und sie hat geantwortet, dass sie jetzt bei einem Reiseunternehmen arbeitet.

9

a)
1. Der/Die Unternehmer/in braucht genug Zeit, alles gründlich vorzubereiten.
2. Es ist oft kompliziert, alles richtig zu planen.
3. In speziellen Seminaren man kann lernen, Probleme zu erkennen und (sie) zu lösen.
4. Man darf nicht vergessen, die Kosten genau aufzuschreiben.
5. Man sollte Lust haben, viel zu arbeiten und eigene Entscheidungen zu treffen.
6. Dann kann es viel Spaß machen, selbstständig zu arbeiten.

b) *Vorschläge:*
Ich hätte Lust, ein Café / ein Restaurant / eine Werkstatt zu eröffnen.
Es wäre möglich, einen Kredit aufzunehmen / mir Geld von ... zu leihen.
Ich habe versucht, eine Software-Firma zu gründen / einen Laden für ... zu eröffnen.
Ich würde damit beginnen, alle Kosten aufzuschreiben / einen Plan zu machen.
Ich finde es richtig, einen Kredit aufzunehmen. Denn ohne Geld kann man kein Unternehmen gründen.

10

was man zusammen/machen konnte – Was würde allen Spaß/machen? – es wäre nett, ins Museum **zu** gehen – sich freuen, draußen **zu** sein – versuchen, beide Aktivitäten **zu** kombinieren – Ich überlege, den Reichstag **zu** besichtigen oder nach Potsdam **zu** fahren – eine Fahrt mit dem Schiff durch die City/machen – es wäre möglich, Sehenswürdigkeiten **zu** sehen, **zu** lernen und Zeit an der frischen Luft **zu** verbringen – Lust, danach noch ins Kino **zu** gehen? – nichts dagegen, ins Kino **zu** gehen, aber vorher muss man/wissen – Es nervt mich, mir ... an**zu**sehen – toll, einen spannenden Abend **zu** verbringen – wichtig, einen Film aus**zu**wählen – Im Moment soll eine nette Komödie/laufen – mit den anderen/besprechen.

11

a) Ja, er ist heute glücklicher.

b) *Vorschläge:*
– er sieht jünger und weniger müde aus
– er lebt das, was wichtig für ihn ist
– er begegnet interessanten Menschen / er kommt leichter mit Menschen in Kontakt, die wenig Geld haben
– wenn er kein Seminar gibt, steht er auf, wenn der Körper wach wird
– er macht das, wozu er Lust hat
– er geht in die Berge, auch wenn er einen Abgabetermin hat
– er lebt jetzt seine persönliche Werteliste (von oben nach unten)

12 *individuelle Lösung*

13 *individuelle Lösung*

14 *Vorschlag:*
a) *Sabine:* Ich finde, man sollte immer sagen, was man denkt.
Max: Aber damit kann man jemanden auch traurig machen.
Sabine: Es ist aber wichtig, die anderen über seine Meinung zu informieren.
Max: Warum ist das so wichtig?
Sabine: Weil man nur so auch ehrlich sein kann / ist.
Max: Ich finde das nur wichtig, wenn sich dann auch etwas ändert.
Sabine: Wenn man seine Meinung sagt, ist wenigstens der Ärger weg.
Max: Gut, aber dann ärgert sich der oder die andere.
Sabine: Was würdest du denn vorschlagen?
Max: Ich finde, das hängt von der Situation ab. Man kann nicht immer direkt seine Meinung sagen.

b) *individuelle Lösung*

15 *Vorschlag:*
An das Bürgeramt
(Stadt)   (Datum)
Sehr geehrte/r Mitarbeiter/in,
ich wohne in der Bundesalle /Ecke Hauptstraße. Hier gibt es sehr viel Verkehr und es ist viel zu laut. Leider auch nachts und niemand in unserem Haus kann ruhig schlafen. Der ständige Lärm macht krank. Deshalb fordern wir, die Bewohner des Hauses Bundesallee 33, ein Tempolimit. Ich hoffe sehr, dass die Stadt bald etwas tut.
Mit freundlichen Grüßen
(Name)

LEBEN IN D A CH 1

1
1. Ehrenamt – 2. Umwelt, Freunde / Sport – 3. Verkehr – 4. Haushalt, Heimwerken

2
a) 2C – 3E – 4F – 5B – 6A – 7D

b) *die Stadt:* Darmstadt, 150.000 Einwohner, in Hessen, viele Parks, wenig Sehenswürdigkeiten, man kann gut einkaufen, Wohnungen teuer, ein paar Kinos und ein Theater
das Wetter: Hessen gehört zu den wärmsten Regionen, aber im Winter kann es bis zu minus 14 Grad kalt werden, sonst ungefähr wie die kältesten Tage in Granada, im Frühling (April, Mai) manchmal schon sommerlich heiß, kann im Sommer auch viel regnen
der Verkehr: gutes öffentliches Netz, das man mit dem Semesterticket nutzen kann, gilt auch für

(Bahn-) Fahrten nach Frankfurt a. Main, Mainz oder Wiesbaden, gut organisiert und superpünktlich
die Freizeit: ermäßigtes Theater, Kino, Parks, Sportgruppen von der Uni, Diskotheken in Frankfurt, andere Städte besuchen
die Vorbereitung: einen Monat vor Semesterbeginn kommen, um Leute kennenzulernen, an Exkursionen teilzunehmen und den Papierkram zu erledigen; Deutsch lernen

3 *individuelle Lösung*

4 Klima und Umwelt

1 *Vorschläge:*
die Töpfe abdecken – den täglichen Wasserverbrauch analysieren / auf den täglichen Wasserverbrauch achten – die Stand-by-Funktion ausschalten – sich für Umweltschutzprojekte engagieren – sich für den Klimaschutz begeistern – kein Brot toasten – im Winter weniger heizen – auf das Auto verzichten

2
Reihenfolge Bilder: C – B – A – D
1: Picknick – 2: Großeinkauf – 3: Folie – 4: stieg – 5: änderte – 6: entstanden – 7: frieren – 9: verzichten – 10: hingewiesen – 11: Panik – 12: zugegeben – 13: gut – 14: abzudecken

3
a)
1. 2007 hatte der Schüler Felix Finkbeiner ein Referat über den Klimawandel gehalten, um eine gute Note zu bekommen.
2. Er hatte das Thema gewählt, um das Interesse für den Umweltschutz in seiner Klasse zu steigern.
3. Er hatte eine Idee, um etwas gegen die hohe CO_2-Belastung zu tun.
4. Kinder sollen in jedem Land eine Million Bäume pflanzen, um das CO_2 aus der Luft zu binden und das Klima zu verbessern.
5. Kinder aus der ganzen Welt wollten mitmachen, um etwas für die Umwelt zu tun.
6. Im Internet gibt es einen Baumzähler, um zu sehen, wie viele neue Bäume es schon gibt.
7. Denn Menschen in aller Welt müssen insgesamt 1000 Milliarden Bäume pflanzen, um das Ziel von „Plant for the planet" zu erreichen.

b) *Das Besondere:* b) Die Initiative ist von Kindern für Kinder gemacht.

4
1. Pflanzen Sie einen Baum im Garten, um mehr CO_2 zu binden.
3. Heizen Sie nur, wenn Sie auch zu Hause sind, um weniger Öl zu verbrauchen.
4. Schalten Sie immer das Licht aus, wenn Sie ausgehen, um Energie zu sparen.
5. Wechseln Sie den Stromanbieter, um keinen Atomstrom mehr zu nutzen.

5 *Vorschläge:*
1. Max fährt nicht nur Fahrrad, um sich wohl zu fühlen. Er will auch Geld sparen / die Umwelt schützen.
2. Rita sammelt ihre Zeitungen nicht, um die anderen zu informieren. Sie will ihre Wohnung heizen.
3. Irina und Thomas zünden die Kerzen nicht an, um Geld zu sparen. Sie wollen sich wohl fühlen.
4. Die Journalisten berichten nicht über das Klima, um Panik zu machen. Sie wollen die anderen informieren.
5. Elena und Matt verzichten nicht auf ein Auto, um die Umwelt zu schützen. Sie wollen Geld sparen.
6. Die Deutschen trennen ihren Abfall nicht, um Spaß zu haben. Sie wollen die Umwelt schützen.
7. Wir stellen den Biomüll nicht auf den Balkon, um die Nachbarn zu ärgern. Wir wollen die Umwelt schützen / uns wohl fühlen.

6
a)
2. Tiere und Pflanzen, **denen** wir den Raum zum Leben nehmen.
3. Das Meer, **das** wir nicht schützen können.
4. Der Eisbär, **dem** das Eis fehlt.
5. Der Abfall, **den** wir einfach in die Umwelt werfen.
6. Die Wälder, **denen** wir täglich tausende Bäume wegnehmen.
7. Die Autos, **die** wir täglich fahren.
8. Die Erde, **der** wir zu wenig zurückgeben.

b)
2. Tiere und Pflanzen, für die es keinen Lebensraum mehr gibt.
3. Das Meer, in das Millionen Liter Öl fließen.
4. Die Eisberge, von denen der Eisbär träumt.
5. Der Abfall, mit dem wir zu sorglos umgehen.
6. Die Wälder, von denen es immer weniger gibt.
7. Die Autos, auf die wir nicht verzichten wollen.
8. Die Erde, von der wir alle abhängen.

7
1: für die – 2: mit dem – 3: in der – 4: in dem – 5: für den – 6: von denen – 7: mit dem – 8: mit der – 9: mit denen

8 *Vorschläge:*
2. Martin Nabert, der gerne Ski fährt, kommt jedes Jahr auf die Zugspitze.
3. Die Gletscherabdeckung, die den Schnee schützt, findet er gut.
4. Das Zugspitzplatt, das ein beliebtes Skigebiet ist, liegt auf über 2000 Metern Höhe.
5. In den Winterferien, auf die sich viele Touristen

sehr freuen, ist das Skigebiet sehr voll.
6. Einige Touristen, mit denen ein Reporter geredet hat, sind für die Gletscherabdeckung.
7. Aber der Klimaschutz, für den sich viele Umweltschützer engagieren, ist wichtiger.

9
1f – 2g – 3d – 4b – 5a – 6c – 7e

10 *Vorschläge:*
19.–20. Jhd.: viele Fabriken / es geht dem Fluss schlecht
1951: Wirtschaft steht still, dem Fluss geht es besser, 42 Fischarten
1969: Katastrophe: 40 Mio. Fische sterben
1980–85: erste Erfolge, Wasser wird sauberer, Fische kommen zurück
1986: neue Katastrophe: Feuer in Chemiefabrik
1998: das Baden im Rhein ist wieder erlaubt / man darf wieder im Rhein baden
2000: wieder besser: man hat 43 verschiedene Fischarten im Rhein gezählt

11
richtig: 2, 5, 6, 8, 9
falsch: 1, 3, 10
nicht im Text: 4 und 7

12 *Vorschläge:*
Auf dem linken Bild sieht man eine Wüste. Es ist sicher sehr heiß, vielleicht über 40 Grad. Es ist trocken und es gibt fast gar keine Pflanzen.
Auf dem rechten Bild sieht man einen Tag im Winter in einer Stadt in Deutschland oder Österreich. Es liegt schon viel Schnee und es schneit auch gerade, denn ein Mann hat einen Schirm. Es ist auch bestimmt sehr kalt, denn alle Leute tragen warme Kleidung.

13 *individuelle Lösung*

14 *individuelle Lösung*

5 Aktuell und kulturell

1
1D – 2C – 3A – 4 *kein Foto* – 5B

2
Kultur: aktuell – auftreten – die Band – der Erfolg – das Musical – die Panne – das Publikum
Sport: aktuell – der Erfolg – die Geräte – die Medaille – die Panne – schwitzen – der/die Sieger/in – das Team – verlieren
Technik: aktuell – der Erfolg – die Geräte – die Automesse – die Panne – das Team – die Wissenschaft
Camping: die Geräte – grillen – der Schlafsack – die Zahnbürste – das Zelt

3
Sie interessieren sich für Kultur und Kunst?
Sie suchen eine Gelegenheit, öfters auszugehen?
Dann informieren Sie sich über unser kulturelles Angebot.
Auf unserer Website berichten wir monatlich über alle Ausstellungen und Aufführungen.
Alle Termine finden Sie im aktuellen Programm.
Wir freuen uns immer über frische Ideen und bedanken uns herzlich für Ihr Interesse!

4
dafür – Gelegenheit – hinweisen – der Natur – Camping-Ausflüge – aktuellen

5
1: völlig – 2: wenigstens – 3: mehrmals – 4: sonst

6
2. Worüber sprechen Sie am liebsten?
3. Wofür interessieren Sie sich sonst/auch noch?
4. Woran denken Sie oft?
5. Worauf freuen Sie sich nach einem Dreh (am meisten)?
6. Wofür würden Sie sich bei Ihren Eltern bedanken?
7. Worüber ärgern Sie sich (am meisten)?
8. Wovon hängt Ihr Erfolg ab?
9. Worauf achten Sie bei Ihrer Arbeit?
10. Wofür können Sie sich begeistern?

7
1. darüber – worüber – darüber
2. Wofür – dafür – dafür
3. davon – darauf – daran

8 *Vorschläge:*
Wir haben darüber diskutiert, dass sich das Fernsehen in den letzten 20 Jahren verändert hat.
Wir haben uns darüber aufgeregt, dass es so selten interessante Sendungen gibt.
Wir haben darüber gestritten, dass es weniger Kriegs- und Horrorfilme geben sollte.
Wir haben darüber gesprochen, dass das Fernsehen die Bildung besser unterstützen könnte.
Wir haben uns darüber gefreut, dass es immer mehr verschiedene Sender mit besseren Programmen gibt.

9
1b – 2a – 3c – 4b – 5c – 6c – 7a – 8c – 9a

10
1D – 2C – 3B – 4X – 5I

11 *individuelle Lösung*

12 *individuelle Lösung*

13
b) *Vorschlag:*
◆ Hallo Kiki. Schön, dass du bald kommst. Interessierst du dich für Eisenbahnen? Wir könnten am Samstagmittag ins Spielzeugmuseum gehen und eine historische Modelleisenbahn angucken.
▮ Nein, das finde ich nicht so interessant. Gibt es einen Flohmarkt? Ich liebe Flohmärkte. Und ich würde gern ins Theater gehen.
◆ Ja, wir könnten tagsüber zum Trödelmarkt auf dem Festplatz gehen und abends gibt es eine Komödie, eine Oper, eine Revue rund um den Film und einen Krimiabend.
▮ Was denn für einen Krimiabend?
◆ Sie spielen „Die Mausefalle", von Agatha Christie".
▮ Das hört sich gut an. Die Revue finde ich auch interessant, aber die Karten sind bestimmt teuer?
◆ Ja, und oft schon ausverkauft. Pass auf, wir gehen ins Theater „Salz und Pfeffer" und am Sonntag gibt es am Nachmittag ein „Jazz Open Air" im Kuno. Dann hören wir noch etwas Live-Musik, bevor du wieder fährst.
▮ Super, das machen wir. Ich freue mich schon darauf.

14 *individuelle Lösung*

15 *Vorschlag:*
Mein Mäuschen,
wie schön, dass du geschrieben hast. Wir haben uns schon etwas Sorgen gemacht, weil das Wetter so schlecht ist und wir gar nichts von dir gehört haben. Meinst du nicht, es wäre besser, den Urlaub früher zu beenden? Sonst erkältest du dich noch, das kann bei diesem Wetter ganz schnell passieren. Kommt doch am besten mit dem nächsten Zug zurück und wir machen uns hier noch ein paar schöne Tage. Was meinst du?
Wir freuen uns auf dich. Küsse
deine Mama / dein Papa

6 Gut essen

1
a) *Essen produzieren:* das Futter verteilen – das Labor – die Rinder im Stall – das Schaf – die Verpackung – die Ziege schlachten
b) *Essen kochen:* Gemüse klein schneiden – in Margarine anbraten – das Steak braten
c) *Essen schmecken:* eklig – eine scharfe Suppe – eine milde Soße – auf der Zunge brennen
d) *Essen bestellen:* einen Toast mit Honig, bitte – einen Eisbecher mit Früchten – ein Getränk auswählen – einen Nachtisch – einen gemischten Salat – die Speisekarte – eine Vorspeise

2
2. Ich **vertrage** keine Milch.
3. Im Dorf hat es gestern **gebrannt**.
4. Wurde die Aktion schon **gestartet**?
5. Ich **lehne** künstliche Aromastoffe **ab**.
6. Das Papier **klebt** noch am Fleisch.
7. Das **fühlt** sich eklig **an**.

3
1. reif – 2. scharf – 3. fett – 4. künstlich – 5. recht

4
Passiv:
4. Doch wird so eine Spezialität in Europa angeboten, sind die Reaktionen eher negativ.
6. Die Wissenschaft stimmt ihr zu, denn es wird viel zu viel Fleisch produziert.
8. Damit sich die Holländer nicht ekeln, werden sie aber in „Bitterballen" versteckt.
9. Diese werden gern als Vorspeise oder Snack gegessen.

5
1. Zwei Liter Milch werden auf 42 Grad erhitzt.
2. Zwei Esslöffel Joghurt werden in die warme Milch gegeben.
3. Die Milch wird in Gläser gegossen.
4. Die Gläser werden in die Sonne gestellt.
5. Die Gläser werden mit einem Tuch abgedeckt.
6. Nach vier Stunden wird geprüft, ob der Joghurt schon dick ist.

6 *individuelle Lösung*

7
1. wurde / benannt – 2. wurde / angebaut – 3. wurden / gefunden – 4. wurde / entwickelt – 5. wurde / gesagt – 6. wurden / gelobt

8
1. Früher wurde nur einmal pro Woche Fleisch gegessen. Heute wird fast täglich Fleisch gegessen.
2. Früher wurde gern mit fettem Fleisch gekocht. Heute wird auf fettarme Ernährung geachtet.
3. Früher war Zucker teuer und (er) wurde sparsam eingesetzt. Heute werden viele Produkte mit viel Zucker produziert.
4. Früher wurde schwer gearbeitet und viel gegessen. Heute werden oft die Kalorien gezählt.
5. Früher wurde fast alles selbst gemacht. Heute werden viele Fertiggerichte gekauft.
6. Früher wurde nur wenig Chemie im Essen eingesetzt. Heute werden viele Lebensmittel mit künstlichen Zusatzstoffen hergestellt.

9
a)
2c: Ich esse abends gern etwas Süßes, obwohl ich etwas zu dick bin.
3e: Ich bin oft zu faul, um mir einen Salat zu machen, obwohl er gesund und lecker ist.
4a: Ich kaufe manchmal ein Fertiggericht, obwohl ich mit natürlichen Zutaten kochen möchte.

5b: Ich trinke abends gern ein Bier – oder zwei, obwohl Alkohol ungesund ist.
6f: Ich kaufe gern Obst aus fernen Ländern, obwohl ich umweltbewusst leben möchte.

b) *individuelle Lösung*

10
1: ob – 2: weil – 3: denn – 4: Damit – 5: dass – 6: Deshalb – 7: dass – 8: wenn

11
was: Grüne Woche, Messe; *es fehlt:* Was die Grüne Woche genau ist.
wo: Berlin, *aber genaue Informationen fehlen*
wann: vom 20.–29. Januar 2012, Öffnungszeiten tägl. 10:00–18:00 Uhr, am 21/27./28. bis 20:00 Uhr

12
Foto oben: Zeile 1: In den Messehallen unter dem Berliner Funkturm
Foto unten: Zeilen 17–20: Besonders die Familien mit Kindern freuen sich auf Halle 25, denn hier sieht man Tiere: Kaninchen, Pferde, Schweine, Hühner, Schafe, Kühe und sogar Bienen. Das ist ein bisschen wie im Zoo, aber hier kann man gleich auch Schafswolle für einen schönen Pullover, frische Milch oder süßen Honig kaufen.

13
1c – 2c – 3b – 4c – 5b – 6a

14 *individuelle Lösung*

15 *individuelle Lösung*

16 *individuelle Lösung*

17
Gast: Entschuldigen Sie, aber das Essen ist mir leider zu fett.
Kellnerin: Oh, das tut mir leid. Haben Sie zu viel Soße? Möchten Sie vielleicht ein anderes Gericht?
Gast: Kann ich die Speisekarte noch einmal haben? Oder können Sie mir etwas ohne Fleisch empfehlen?
Kellnerin: Aber natürlich. Wir hätten da eine Ratatouille. Das ist eine Spezialität aus Frankreich, ein Gemüsegericht. Es ist sehr gut.
Gast: Gut, das nehme ich. Vielen Dank.

18 *Vorschlag:*
Liebe/r ...
vielen Dank, dass du mir bei der Prüfungsvorbereitung geholfen hast. Dafür würde ich dir gern etwas Schönes kochen. Was magst du denn besonders gern und wann könntest du kommen? Welche Getränke soll ich einkaufen, was trinkst du am liebsten? Zum Nachtisch gibt es eine Überraschung aus meiner Heimat. Du sollst nichts mitbringen, ich kümmere mich um alles.
Ich freue mich auf dich. Liebe Grüße
(Name)

7 Dienstleistungen

1
1. Verdammt – 2. Ach so – 3. Tja – 4. Aua – 5. Igitt

2
1. Sie hat den Umschlag auf den Tisch gelegt als sie nach Hause gekommen ist/kam.
2. Thomas hatte vor dem Essen den Tisch abgeräumt und dann war der Gutschein verschwunden.
3. Sie suchten eine Stunde lang, aber sie konnten ihn nicht finden.
4. Karin war sehr verärgert, weil sie jetzt den vollen Preis für das Ticket bezahlen musste.
5. Am Abend hat Karin den Gutschein beim Fegen gefunden. Aber es war zu spät, denn das Ticket war schon bezahlt.

3
1: Dienstleistung – 2: lassen – 3: zu dritt – 4: selbst – 5: Briefkästen – 6: faxen – 7: Schlange

4
1. Svetlana fegt das Restaurant / den Boden.
2. Robert leert die Aschenbecher aus. 3. Er räumt die Tische ab. 4. Svetlana räumt die Teller in die Spülmaschine.

5
a) 1c – 2f – 3d – 5a – 6e – 7b

b) *Vorschläge:*
1. Unsere Firma bietet eine ganz neue Dienstleistung an.
2. Sie müssen sich an diesen Schalter anstellen.
3. Hast du den Antrag schon ausgefüllt?
4. Wir leiten Ihre Beschwerde an den zuständigen Mitarbeiter weiter.
5. Nach dem Gespräch legte sie auf und notierte sich den Termin.
6. Ich habe der Versicherung einen Schaden in Höhe von 500 Euro gemeldet.
7. Hast du das Geschäft schon abgeschlossen?

6
– der Kleiderschrank ist aufgeräumt
– die Betten sind gemacht
– das Geschirr in der Küche ist abgewaschen
– die Katzen sind gefüttert
– die Blumen sind gegossen
– die Hemden sind gebügelt
– der Boden ist gefegt
– das Küchenfenster ist geputzt
– das Essen ist gekocht
– der Tisch ist gedeckt

7
1. Ich lasse meine Hemden nicht bügeln, ich bügel/bügle sie lieber selbst.
2. Du lässt die Fenster nicht putzen, du putzt sie lieber selbst.
3. Er lässt sich die Haare nicht schneiden, er schneidet sie lieber selbst.
4. Sie lässt sich kein Make-up für die Party machen, sie schminkt sich lieber selbst.
5. Wir lassen uns keine Kleider nähen, wir nähen sie lieber selbst.
6. Meine Eltern lassen sich ihre Hochzeitsreise nicht organisieren, sie planen sie lieber selbst.

8
a)
1. Sind die Brote gemacht?
2. Ist das Auto vollgetankt?
3. Sind die Steckdosen ausgeschaltet?
4. Ist das Wasser abgestellt?
5. Ist der Müll rausgebracht?
6. Sind alle Fenster geschlossen?

b) Bevor die Reise beginnt, müssen wir Brote machen. – Bevor wir verreisen, müssen wir das Auto volltanken. – Bevor wir das Haus verlassen, müssen wir die Steckdosen ausschalten. – Bevor wir verreisen, müssen wir das Wasser abstellen. – Bevor wir losfahren, müssen wir den Müll rausbringen. – Bevor wir das Haus verlassen, müssen wir alle Fenster schließen.

9
2. Bevor es weitergeht, muss man viele Nummern eintippen.
3. Bevor man verbunden wird, hört man fünf Minuten Musik.
4. Bevor man sein Problem beschreiben kann, muss man seine Kundennummer sagen.
5. Bevor man das Problem löst, wird man mit einem anderen Mitarbeiter verbunden.
6. Bevor man mit einem anderen Mitarbeiter verbunden ist, hört man wieder Musik. ...

10
A ist richtig.

11 *Vorschlag:*
Die Statistik zeigt, wie viele Jugendliche welche Medien wie oft nutzen. 80 Prozent nutzen ihr Handy täglich und 11 Prozent mehrmals in der Woche. Das heißt, dass (fast) alle ein Handy besitzen und es regelmäßig nutzen. Auch im Internet sind fast alle Jugendlichen (90 %), 65 Prozent sogar täglich, der Rest ist mehrmals in der Woche im Netz. Das Fernsehen wird von 60 Prozent täglich und von 29 Prozent mehrmals die Woche genutzt. Sehr viele Jugendliche hören ihre Musik über MP3-Dateien: Insgesamt 84 Prozent, davon 64 Prozent täglich. Etwas weniger hören Radio: Insgesamt 78 Prozent, davon aber 58 Prozent täglich. Aber nur 33 Prozent spielen mit einer Konsole – vielleicht, weil immer mehr im Internet spielen?

12
1b – 2a – 3b – 4a – 5b

13
a) *Alex Bewertung ist positiv, Svenjas ist negativ.*
b) *positiv:* kann nur empfehlen / viele verschiedene Eissorten / mit viel Fantasie und Liebe / köstlich / freundlich
negativ: würde nicht noch einmal hingehen / Katastrophe / lange Wartezeit / niemand zuständig / unfreundlich

14 *Vorschlag:*
Liebes Holz & Hammer-Team,
ich würde gern einen Schrank für meinen Flur bestellen. Ich möchte meine Schuhe und Taschen dort einräumen. Weil der Flur sehr eng und schmal, aber hoch ist, sollte der Schrank folgende Maße haben: 170 cm × 250 cm × 25 cm. Welches Holz können Sie empfehlen? Es müsste eine helle Farbe haben. Vielleicht können wir auch einen Beratungstermin vereinbaren?
Bis wann könnten Sie den Schrank denn liefern?
Ich freue mich auf Ihre Antwort. Mit freundlichen Grüßen
(Name)

15 *Vorschlag:*
Sie sind zufrieden:
Ich kann „Holz & Hammer" nur empfehlen. Der Service ist toll, sie haben mich sehr gründlich beraten und der Schrank, den ich bestellt habe, passt genau. Sie haben sehr schönes Holz benutzt und trotzdem war der Schrank günstig / nicht so teuer. Außerdem haben sie pünktlich geliefert.

Sie sind unzufrieden:
Ich habe einen Schrank bei „Holz & Hammer" bestellt, aber ich kann sie nicht (weiter)empfehlen. Sie haben mich zu wenig gefragt und jetzt passen nicht einmal alle meine Schuhe in den Schrank. Das Holz, das sie benutzt haben, ist schön, aber sehr teuer. Außerdem kam der Schrank eine Woche zu spät, obwohl sie sagen, dass sie ihre Termine einhalten.

16
einen Schrank **bestellt** – gestern **bringen/liefern** – Was ist **passiert/das Problem?** – **mich nicht angerufen?** – den ganzen Tag **gewartet** – hier hat **niemand angerufen** – keine **Nachricht** – Wer **zahlt** mir – dass er **am Montag wirklich kommt / fertig ist**

LEBEN IN D A CH 2

1
Berlin: E und G, *Zürich:* B und D, *Wien:* A und C – F passt zu keiner Stadt

2
Peter war in Wien. Hannelore war in Berlin. Marianne passt zu keinem Text. Urs war in Zürich/ in der Reblaube.

3 *individuelle Lösung*

8 Der liebe Haushalt

1
1: vorstellen – 2: erledigen – 3: einräumen – 4: sortierte (sortiert habe) – 5: waschen – 6: gesteckt habe/hatte – 7: schmieren – 8: einpacken – 9: einweichen – 10: abtrocknete – 11: entfernen – 12: zerkratzt – 13: aufhängen – 14: beschädigt – 15: wischen – 16: repariert – 17: nähen – 18: passiert – 19: gelaufen

2
1. ad, bc – 2. ad, bc – 3. ac, bd – 4. ac, bd – 5. ad, bc

3
Haushalt und Geräte: die Alufolie, der Besen, der Dampf, der Einkaufswagen, die Mikrowelle, die Sauberkeit, der Staubsauger, der Stoff, die Wäsche, ...
Arbeit und Geld: der Ausweis, der Eintritt, die Ermäßigung, die Geheimzahl, die Handtasche, die Versicherung, ...

4 *Vorschlag:*
Mit starkem Dampfdruck entfernt er jeden Dreck ganz mühelos. Sie stecken einfach den Stecker in die Steckdose und geben Wasser ins Gerät und alles andere erledigt „Zisch & Weg" für Sie. Wenn Sie den Dampfreiniger bis zum Monatsende bestellen, bekommen Sie 15 Prozent Ermäßigung. Sie können sich keine bessere Haushaltshilfe wünschen!

5
1. Anstatt das Geschirr per Hand abzuwaschen, kann man eine Spülmaschine spülen lassen.
2. Anstatt die Wäsche in der Badewanne zu waschen, kann man sich eine Waschmaschine kaufen.
3. Anstatt die Flecken mit viel Mühe zu entfernen, kann man die Wäsche in die Reinigung bringen.
4. Anstatt die nasse Wäsche aufzuhängen, kann man sie im Trockner trocknen.
5. Anstatt das Essen auf dem Herd warm zu machen, kann man es einfach in die Mikrowelle stellen.

6
1. Um das Geschirr nicht per Hand abzuwaschen, lasse ich eine Spülmaschine das Geschirr spülen.
2. Um die Wäsche nicht in der Badewanne zu waschen, kaufe ich mir eine Waschmaschine.
3. Um die Flecken ohne Anstrengung zu entfernen, bringe ich die Wäsche in die Reinigung.
4. Um die nasse Wäsche nicht aufzuhängen, trockne ich sie im Trockner.
5. Um das Essen nicht auf dem Herd warm zu machen, stelle ich es einfach in die Mikrowelle.

7
1: mir – 2: sich – 3: mir – 4: dich – 5: uns

8
1. Irgendwann heute Abend.
2. Irgendwo im Schrank.
3. Irgendwie mit Nudeln und Käse.
4. Irgendwas mit Essig.
5. Irgendwer aus dem Haus. / Irgendjemand aus dem Haus.

9
1: gab – 2: erledigten – 3: wuschen – 4: putzten – 5: kochten – 6: brieten – 7: heizten – 8: blieb – 9: gingen – 10: trugen – 11: hatten – 12: nahm

10
- Wenn du einkaufen gehst, räume ich die Sachen in den Kühlschrank.
- Wenn du den Boden wisch(s)t, gieße ich die Blumen auf dem Balkon.
- Wenn du die Mikrowelle sauber machst, bügel/ bügle ich deine Hemden.
- Wenn du die Weihnachtsgeschenke besorgst, packe ich sie ein.
- Wenn du die Bettwäsche nähst, bezahle ich den Stoff.

11
Richtig: Nr. 1, Zeile 4 – Nr. 3, Zeile 20–27 – Nr. 4, Zeile 17–19 – Nr. 6, Zeile 33–37 – Nr. 7, Zeile 41–42 – Nr. 8, Zeile 25 und 49–53

12
1: Kurs B – 2: Kurs C – 3: Kurs A

13 *individuelle Lösung*

14 *Vorschläge:*
a)
– Staub von den Büchern wischen
– die Schränke aufräumen
– den Kühlschrank putzen
– alle Lampen putzen
– unter den Betten fegen

b) *Vorschläge:*
Würdest du mir beim Fensterputzen helfen? Könntest du die Wäsche aus den Schränken sortieren?

Würdest du bitte die Lebensmittel aus dem Kühlschrank räumen? Kannst du bitte die Leiter festhalten? Holst du bitte den Besen?

15 *Vorschlag:*
- Was brauchen wir denn alles?
- Ich denke, wir brauchen Brot, Käse, etwas Obst. Wir können auch Eier kochen. Und Getränke: vielleicht Apfelsaft und natürlich Mineralwasser.
- Kannst du die Getränke besorgen? Ich koche die Eier.
- Okay, ich gehe in einer halben Stunde in den Supermarkt.

16 *individuelle Lösung*

9 Reisen und arbeiten

1
A: Trainer/innen – B: Reiseleiterin – C: Zimmermädchen – D: Apothekerin

2
Zimmermädchen:
Betten machen, das Bad putzen, staubsaugen, wütende Touristen beruhigen
Reiseleiter/in:
Ankunftszeiten überprüfen, Einzelzimmer reservieren, Ausflüge organisieren, über Sehenswürdigkeiten informieren, Eintrittskarten kaufen, wütende Touristen beruhigen
Fitnesstrainer/in:
einen Trainingsplan machen, die Nutzung der Sportgeräte erklären, Tipps zum gesunden Training geben, mögliche Nebenwirkungen erklären
Apotheker/in:
Rezepte lesen, Medikamente sortieren, mögliche Nebenwirkungen erklären
„Verbände anlegen" passt zu keinem Beruf.

3
1: Schiff – 2: reserviert – 3: Ankunft – 4: Hafen – 5: Personal – 6: persönlichen

4
1. günstig – 2. dreckig – 3. merkwürdig – 4. furchtbar

5
2e – 3g – 4f – 5h – 6i – 7c – 8b – 9a

6 *Vorschläge:*
die Arbeitsbedingungen – die Arbeitsqualifikation – die Arbeitszeit – der /die Arbeitsuchende – die Arbeitskraft – die Arbeitsbelastung – der Arbeitsmarkt – der Arbeitsurlaub – der Arbeitsplatz

7 *Vorschläge:*
der: Die Größe des Hafens war enorm. / Die Schönheit des Ortes hat mich beeindruckt. / Die Größe des Felsens hatte ich nicht erwartet. / Die Länge des Urlaubs war zu kurz. / Die Bedingungen des Arbeitsmarkts sind zurzeit schlecht. / Die Bedingungen des Berufs sind zu hart für mich. / Die Eigenschaften des Menschen sind unterschiedlich.
das: Die Länge des Schiffs betrug 255 Meter. / Der Luxus des Hotels war unglaublich. / Der Preis des Zimmers war viel zu hoch. / Die Qualifikation des Zimmermädchens ist höher als nötig. / Die Schönheit des Meeres möchte ich jeden Tag genießen. / Die Größe des Büros ist ein Witz.
die: Die Bedingungen der Reise waren schwierig. / Der Preis der Pension ist gut für meine Brieftasche. / Die Länge der Bar war für viele Besucher gemacht. / Die Qualifikation der Fachkraft ist Bedingung. / Die Öffnungszeiten der Apotheke sind ärgerlich. / Die Öffnungszeiten der Messe sind sehr familienfreundlich.

8
die Puppe des Mädchens – der Anzug des Mannes – die Mütze des Briefträgers – der Hund der Frau – der Löffel der Köchin

9
1. Da hatte ich auch die erfolgreichste Woche des Monats.
2. Denn in dieser Woche beendeten wir den spannendsten Teil des Projekts.
3. Das war die beste Entwicklung unseres Teams.
4. Jetzt sind die höchsten Erwartungen meines neuen Arbeitgebers geweckt.

10
1: einer Dolmetscherin – 2: der Kunden – 3: des Landes – 4: des Geldes – 5: dieser Welt – 6: meines Lebens – 7: der Menschen

11
Text 1: der Kosten (Gen.) – ein Zelt (Akk.) – einen schönen Ort (Akk.) – an einem See (Dat.) – meines Bruders (Gen.)
Text 2: der Rente (Dat.) – einer neuen Filiale (Dat.) – des Personals (Gen.) – einem langen Gespräch (Dat.) – die Kündigung (Akk.)

12 *Vorschläge:*
2. Wegen einer Panne bei der Buchung hatten wir kein Hotelzimmer.
3. Wegen des Lärms auf dem Zeltplatz habe ich nur wenig/schlecht geschlafen.
4. Wegen meiner Sonnenallergie konnte ich mich nicht in die Sonne legen.
5. Wegen des schlechten Essens habe ich drei Kilo abgenommen.
6. Wegen meiner tollen Begleitung!

13
a) 2. die Mütze des Polizisten – 3. die Frage eines kleinen Jungen – 4. das Foto eines großen Löwen – 5. die Visitenkarte dieses netten Herrn – 7. die Reise mit meinem Neffen – 8. der Brief von einem

netten Menschen – 9. Tiere von einem anderen Kontinent – 10. das Einzelzimmer von dem ruhigen Touristen – 12. einen Löwen fotografieren – 13. eine älteren Herrn kennenlernen – 14. den Patienten anrufen – 15. sich für ihren Nachbarn interessieren – 16. meinen Kollegen heiraten

b) *individuelle Lösung*

14 *Vorschläge:*
a) *Foto B*
b) *1. Zeile 4–6, 29–30:* Getränke und Snacks servieren, mit schwiergen Passagieren / mit Krisen umgehen
2. Zeile 9–12: kein Ausbildungsberuf; achtwöchiger Lehrgang
3. Zeile 14–20: abgeschlossene Berufsausbildung, gute Englischkenntnisse, am besten auch 2. Fremdsprache (z. B. Spanisch), Erfahrung in der Gastronomie ein Vorteil
4. Zeile 17 und 21–25: mindestens 1,65 m groß, gute Nerven, belastbar, teamfähig, gerne viel unterwegs sein
5. Zeile 17–32: viele Sunden auf engen Raum, häufige Orts- und Klimawechsel, oft neue Teams, schwierige Passagiere, Krisen in der Luft, wenig zu Hause: oft von Partner/in getrennt
6. Zeile 32–35: Nein, Gehalt um die 1500 Euro + Zulagen
7. Zeile 36–38: Ja, Fluggesellschaften suchen immer wieder neues Personal

15 *individuelle Lösung*

16
c – g – a – f – d – j – h – b – e – i

17 *individuelle Lösung*

18 *Vorschlag:*
Sehr geehrtes Prima Vera-Team,
ich möchte ein Doppelzimmer für zwei Personen und drei Nächte reservieren: Wir kommen am 29.07 an und reisen am 1.08. wieder ab. Am 29. kommen wir erst nach 20 Uhr an, ist die Rezeption um diese Zeit noch besetzt?
Das Zimmer sollte unbedingt ruhig und ein Nichtraucher-Zimmer sein. Bitte bestätigen Sie die Reservierung schriftlich.
Vielen Dank für Ihre Mühe.
Mit freundlichen Grüßen
(Name)

19 *Vorschläge für Stichpunkte:*
erster Tag: Hauptbahnhof Berlin – 1 Std. Verspätung – riesige Halle – aber sehr müde, gleich ins Hotel
zweiter Tag: waren im Zoo – Elefantenbaby gesehen – Pinguine wurden gefüttert – über 60 Fotos gemacht
dritter Tag: Höhepunkt! – Open Air-Konzert – tolle Stimmung – Sternenhimmel – viel Spaß gehabt
vierter Tag: vietnamesisch Essen gegangen – sehr schönes Restaurant – Essen sehr scharf – zu viel Bier getrunken, Zug fast verpasst

10 Männer und Frauen

1
1a – 2a – 3b – 4b – 5a – 6b

2 *es passt nicht:*
1. hübsche Kinder
2. elegant
3. spontan
4. lächeln
5. die Ursache

3
2d: Diana und ihr Mann haben ständig Streit, weil sie eine Eifersucht stört.
3g: Thorsten findet keine Freundin, weil seine Erwartungen zu hoch sind.
4a: Die Mädchen sprechen Daniel nicht an, weil er zu schüchtern wirkt.
5c: Das war mein größter Misserfolg, weil ich zu spontan gehandelt habe.
6b: Die Kollegen finden Tim lustig, weil er so gut Witze erzählen kann.
7e: Ich kann keine E-Mails mehr bekommen, weil mein Postfach voll ist.

4
1: empfinden – 2: gestellt – 3: Urteil – 4: Hindernis – 5: Signale – 6: elegantes – 7: Führungsposition – 8: angreifen – 9: männlich – 10: Erwartungen – 11: Vorurteile/Klischees – 12: Vorurteile/Klischees – 13: Geschäft

5
1. weder ... noch – 2. Entweder ... oder – 3. Sowohl ... als auch

6
1. Mein Traummann sollte entweder viel Geld haben oder schön sein.
2. Meine Traumfrau sollte weder eine Katze noch einen Hund haben.
Mein Traummann sollte sowohl Tiere mögen als auch gerne wandern.
3. Meine Traumfrau sollte entweder meine Freunde oder Fußball mögen.
Mein Traummann sollte weder Fußball gucken noch Bier trinken.
4. Meine Traumfrau sollte sowohl kochen können als auch einen Job haben.
Mein Traummann sollte entweder im Haushalt helfen oder gerne kochen.
5. Meine Traumfrau sollte weder schüchtern noch zu selbstbewusst sein.
Mein Traummann sollte entweder politisch interessiert sein oder viel lesen.
6. Meine Traumfrau sollte sowohl zu mir halten als

auch ehrlich sein.
Mein Traummann sollte sowohl selbstständig als auch selbstbewusst sein.

7
1. **Während** ich klare Aufgaben erwarte, sagt der Chef nie, was er genau will.
2. **Während** ich mich auf das Projekt konzentrieren möchte, muss ich tausend andere Dinge erledigen.
3. **Während** ich unfreundlich behandelt werde, bekommen die Frauen Komplimente.
4. **Während** ich sachlich über die Probleme sprechen möchte, kommen von den anderen nur spontane Vorschläge.

8
Nominativ: 1. derselbe – 2. dasselbe – 3. Dieselbe – 4. Dieselben
Dativ: 1. demselben/demselben – 2. derselben – 3. denselben
Akkusativ: 1. dasselbe – 2. dieselbe – 3. denselben/dieselbe

9
1. **Während** die Mädchen an den Hauptschulen in der Minderheit sind, sind sie an den Gymnasien mit 52,9 Prozent in der Mehrheit.
2. **Weil** immer mehr Mädchen das Abitur machen, studieren heute mehr Frauen als Männer.
3. **Obwohl** Mädchen genauso viel Talent für Mathematik und Naturwissenschaften haben, wählen mehr Männer technische oder naturwissenschaftliche Fächer.
4. **Weil** die Interessen von Jungen und Mädchen auch von den Rollenerwartungen beeinflusst werden, ist die Entwicklung in der Schule unterschiedlich.
6. **Weil** man auch die Leistungen von Jungen wieder verbessern möchte, sucht man nach Konzepten zu ihrer Förderung.
5. Außerdem wird diskutiert, **ob** man wieder Mädchenschulen einführen soll.
7. Man hat die Hoffnung, **dass** die Mädchen sich so besser und ohne Hindernisse entwickeln.

10
c) *richtig:* 3, 6, 7
falsch: 1, 2, 4, 5

11
a) 1c – 2a – 3e – 4d – 5b
b) a: Antwort nach Frage 4, b: Antwort nach Frage 3, c: Antwort nach Frage 5, d: Antwort nach Frage 1, e: Antwort nach Frage 2

c) *Vorschlag:*
Bei einem Streit oder einer Diskussion muss man immer auch auf die Gefühle und auf die Beziehung achten. Man muss dem anderen immer zeigen, dass man ihn als Person respektiert/achtet.

12 *Vorschlag:*
Auf dem Bild sieht man einen Mann und eine Frau, wahrscheinlich ein Ehepaar. Der Mann möchte, dass die Frau sein Hemd bügelt. Die Frau hält ihm das Bügeleisen hin und möchte damit sagen, dass er es doch auch selbst bügeln kann. Die Frau scheint selbstbewusst zu sein. Sie wirkt wie eine Hausfrau, die aber möchte, dass ihr Mann im Haushalt hilft. Ich glaube, der Mann ist daran gewöhnt, dass die Frau sich um seine Sachen kümmert. Jetzt ist er erstaunt/überrascht.
Ich würde ... *individuelle Lösung.*

13 *Vorschlag:*
Lieber Frank,
wir hatten ja gestern diesen dummen Streit wegen der Rechnungen. Ich finde es wichtig, dass wir darüber noch einmal sprechen. Denn ich möchte, dass wir auch in Zukunft weiter gut zusammenarbeiten. Vielleicht können wir uns zu einem persönlichen Gespräch in der Cafeteria zusammensetzen? Am besten gleich heute Nachmittag um fünf oder auch nach der Mittagspause. Wie es dir besser passt. Ich würde mich freuen.
Schöne Grüße
(Name)

14 *Vorschläge für Stichpunkte:*
– der Verdienst ist oft unterschiedlich / (un)gerecht / das hängt von der Arbeit(stelle) ab
– die Männer / die Frauen verdienen meistens mehr / genauso viel / weniger
– in Sitzungen reden die Frauen mehr / weniger fast gar nicht / die Männer / die Frauen lassen die Frauen / die Männer oft nicht ausreden
– die Chancen sind genau gleich / das hängt nur von der Leistung ab / das hängt davon ab, wie gut man sich mit den Chefs versteht / die Frauen / die Männer wollen ...
– bei uns gibt es (fast) nur Männer / mehr Frauen in Führungspositionen ... / Frauen / Männer haben bessere Chancen Chef/in zu werden

15 *Vorschläge:*
1. Ja natürlich, ich bleibe gern zu Hause und kümmere mich um das Kind. / Wollen wir die Elternzeit nicht gerecht aufteilen? / Auf gar keinen Fall!
2. Stimmt. Andere Dinge sind wichtiger. / Das finde ich nicht, denn so kann eine Ehe nicht funktionieren. / So ein Quatsch. Treue ist das Wichtigste.
3. Stimmt. / Nein, mein bester Freund ist ein Mann / eine Frau. / Warum denn nicht?
4. Ja, irgendwie schon. / Oh nein, es hat sich viel / alles geändert. / ...

LEBEN IN D A CH 3

1
Der Donauradweg führt durch Deutschland, Österreich, die Slowakei und Ungarn.

2
Passau, Engelhartszell (Kloster und Römersiedlung), Linz, Grein (Burg), vielleicht Melk, Spitz (Tausendeimerberg), Krems, Wien

3 *Vorschläge:*
1. Ja, guten Tag. Wir wollen im Juni eine Woche lang eine Tour auf dem Donauradweg machen. Von Passau bis Wien. Und wir würden gerne schon jetzt Hotelzimmer buchen. Ist das möglich?
2. Was heißt denn alles? Was ist in dem Komplettpaket genau enthalten? Gibt es auch einen Gepäcktransport?
3. Und was kostet das?
4. Ja, ich schaue es mir in Ruhe an und dann entscheiden wir. Vielen Dank für Ihre Hilfe. Auf Wiederhören.

4
Reihenfolge: D – B – C – A – F – E

5
a) Maria wollte länger in einem kleinen Ort (Maria Taferl) bleiben und in Melk übernachten, während Pavel lieber bis Krems durchfahren wollte, weil er einen Tag mehr Zeit für Wien haben möchte.

b) *individuelle Lösung*

11 Lebenslinien

1
1: Einkommen – 2: Erlaubnis – 3: Stadtverwaltung – 4: Sachbearbeiter – 5: Einnahmen – 6: Unterstützung – 7: den Daumen – 8: Armut

2
2. vorhaben – 3. schämen – 4. anmelden – 5. abziehen – 6. kündigen – 7. aussehen – 8. aufteilen

3
a) 1: verlassen – 2: weitergehen – 3: gewöhnen – 4: wohlgefühlt – 5: angefangen – 6: knapp – 7: suchen – 8: bereut – 9: Ungefähr – 10: elektronische – 11: angestellt – 12: verbinde

b) ... verlassen, weil sie nicht wusste, wie es weitergehen sollte. Sie ging zuerst nach Schweden, aber irgendwie konnte sie sich nicht an das Land und an die Sprache gewöhnen. Sie hat sich dort nicht wohlgefühlt. Dann hat sie in der Schweiz ein englischsprachiges Studium angefangen. Das war gut, aber das Geld war immer zu knapp und deshalb musste sie sich unbedingt einen Nebenjob suchen. Zuerst bekam sie nur Absagen. Es war eine schwere Zeit. Trotzdem hat sie nie bereut, dass sie weggegangen ist. Ungefähr zwei Monate später fand sie einen Job in einem Kaufhaus, in der Abteilung für elektronische Geräte. Jetzt ist sie dort in Teilzeit fest angestellt und ihr Studium läuft auch gut. Sie verbindet ihre Zukunft mit der Schweiz – und sie freut sich darauf!

4
2. Sie wird wahrscheinlich/bestimmt/vielleicht nicht zu Hause sein.
3. Sie wird bestimmt/vielleicht/wahrscheinlich bei ihrem Freund essen.
4. Sie wird bestimmt/wahrscheinlich ihre Gründe haben.

5 *Vorschläge:*
2. Sie wird bestimmt Deutsch und Russisch sprechen.
3. Vielleicht werden wir mit der Kleinen oft nach Russland fahren.
4. Hoffentlich werden uns die Großeltern helfen.
5. Es wird bestimmt alles gut gehen.

6
1. Das Gerät wird jeden Menschen und jeden Gegenstand an jeden Ort bringen.
2. Jeder wird ein eigenes Transportportal zu Hause haben und wir werden keine Autos mehr brauchen.
3. Man wird alle Straßen entfernen und auf den Autobahnen werden Bäume wachsen.
4. Ohne Flugzeuge und Autos wird es keinen Klimawandel mehr geben.
5. Man wird alle Flughäfen und Bahnhöfe zu großen Vergnügungsparks machen.
6. Die Welt wird viel sauberer und schöner sein.

7 *Er sagte:*
1. „Ich werde nie mein Studium beenden", und jetzt hat er sogar den Doktor gemacht.
2. „Ich werde nie reisen können", und jetzt hat er sogar eine Weltreise gemacht.
3. „Ich werde nie eine gute Arbeit finden", und jetzt arbeitet er sogar in seinem Traumjob.
4. „Ich werde nie einen Hund halten können", und jetzt hat sich sogar ein Pferd gekauft.
5. „Ich werde nie eine Familie haben", und jetzt hat er geheiratet und Zwillinge bekommen.

8
a) Die Hosen **des** Mannes und **des** Kindes sind blau.
Das Kleid **der** Frau ist grün.
unbestimmte Artikel: eines / eines / einer
b) 1: eines Arbeiters – 2: einer Hausfrau – 3: eines reichen Mannes – 4: seines Nachbarn – 5: des ewigen Lehrlings – 6: seines Freundes Karl – 7: des jungen Mannes – 8: eines Börsenmaklers – 9: der Immobilienmärkte – 10: der Reichen

9
1: wollte – 2: ging – 3: lachten – 4: saß – 5: sah – 6: sagte – 7: legte – 8: stand – 9: las – 10: besaß – 11: fing ... an – 12: dachte – 13: wurde – 14: gab – 15: nahm – 16: blieb – 17: sprach – 18: spürte –

19: hatte – 20: ärgerte – 21: halfen – 22: musste – 23: heiratete

10
a) *Überschrift B passt am besten.*
b) 1. bankrott – 2. Schuldenberg – 3. windige – 4. meine Altersvorsorge
c) 1. *richtig*, 2. *falsch*, 3. *richtig*

11 *Vorschlag:*
links auf der Skala:
Natürlich, warum nicht? Wenn ich einen Menschen gut finde und ich mich über seine Filme oder seine Musik immer gefreut habe, dann würde ich ihm auch helfen. Das kann doch jedem passieren.
rechts auf der Skala:
Ich würde dem Schauspieler kein Geld spenden. Auch dann nicht, wenn ich reich wäre. Denn ich finde es nicht richtig, dass man einem Menschen hilft, weil er oder sie berühmt ist. Es ist was anderes, wenn ein guter Freund oder eine Freundin Probleme hat. Dann würde ich helfen. Der Schauspieler kann doch auch seine echten Freunde fragen – und nicht seine Fans.

12 *individuelle Lösung*

13 *Vorschlag:*
Lieber Joachim,
Was, du ziehst nach Peru? Ich wusste, dass dir der Urlaub in Südamerika sehr gefallen hat. Aber ich hätte nie gedacht, dass du auswanderst. Du kannst doch gar kein Spanisch, oder? Machst du einen Kurs oder lernst du es dort? Ich hoffe, dass du in Ica bald Freunde findest. Es ist sehr schwer, in einem fremden Land allein zu sein. Hast du dir das auch gut überlegt?
Ich hoffe, wir sehen uns vorher noch einmal. Dann können wir in Ruhe darüber sprechen.
Alles Gute und viele Grüße
Dein Jens

12 Das Ende der Mauer

1 *Vorschläge:*
Foto A: die Botschaft, der/die Bürger/in, die Demonstration, die Flucht, die Revolution, der Zweifel, das Warten, die Hoffnung. ...
Foto B: der Druck, die Flucht, die Grenze, die Macht, die Zone, der Zweifel, die Polizei, ...

2
1–8, 2–9, 3–11, 4–10, 5–12, 6–7

3
1. **Es war eine friedliche** Demonstration.
2. Die Demonstrationen gegen die DDR-Regierung und die Feierlichkeiten zum 40. Jahrestag der DDR fanden **gleichzeitig** statt.
3. Die Regierung der Bundesrepublik Deutschland konnte den Demonstranten **kaum** helfen, aber ein Radiosender aus Westberlin stellte Lautsprecherwagen an der Mauer auf.
4. Die DDR-Regierung wollte damals ihre Meinung zu den Protesten nicht **offiziell** äußern.
5. Nach 1991 meinten viele, dass das Projekt „Sozialistischer Staat" **gescheitert ist**.

4
1. **Nachdem** man die Grenze geschlossen hatte, wurden viele Familien getrennt.
2. **Während** das Leben in der DDR nicht viel kostete, wurde im Westen Geld immer wichtiger.
3. **Obwohl** man in Ostberlin offiziell kein Westfernsehen schauen durfte, kannten viele Ostberliner die Stars aus der westlichen Welt.
4. **Als** die Grenze geöffnet wurde, konnten viele DDR-Bürger zum ersten Mal in ihrem Leben ins Ausland reisen.
5. **Seit** die beiden deutschen Staaten wiedervereinigt wurden, hat man in den Osten des Landes viel Geld investiert.
6. **Obwohl** Deutschland seit über 20 Jahren wieder ein Land ist, gibt es noch viele Unterschiede zwischen Ost und West.

5
1. **Seit dem letzten Monat** bereitet sich Vera auf ihren Vortrag für die Konferenz vor.
2. **Während ihres Vortrags** möchte sie auch gern Bilder zeigen.
3. Das heißt, dass sie **vor dem Beginn der Präsentation** die Technik testen muss.
4. **Während der Zugfahrt** zur Konferenz sortiert Vera ihre Kopien, die sie **nach der Veranstaltung** an die Teilnehmer verteilen wird.

6
a) 1d/h – 2e – 3d/h – 4j – 5k – 6i – 7c – 8a – 9g – 10f – 11b – 12f/l

b)
ein eher kleiner Bahnhof – den „goldenen" Westen – ein modernes Gebäude – mehrere strenge Kontrollen – von unfreundlichen Grenzbeamten – viele persönliche Erinnerungen – der blaugraue Betonbau – seinem bedeutungsvollen Namen – der kalte Krieg – große Gefühle – viele berühmte Künstler – zahlreiche Konzerte

7
a) *individuelle Lösung*
b) *richtig:* 1c – 2a – 3b – 4c
c) *Vorschlag:*
Als Anneliese Roth 17 Jahre alt war verliebte sie sich in einen Mann aus der BRD und zog zu ihm in den Westen. Ihre Eltern lebten in einem Bauernhaus in der DDR ganz nah an der Grenze. Als die Grenze geschlossen wurde, verloren sie einen Teil ihres Besitzes und sie konnten ihre Töchter im Westen nicht mehr besuchen. Anneliese und ihre Schwester hatten Angst vor der Polizei der DDR,

wenn sie zu ihren Eltern fuhren. Und eines Tages bekamen sie wirklich Ärger: Die Polizei nahm sie mit und sie waren zwei Tage im Gefängnis. Deshalb wollte Anneliese mit ihren Kindern die Großeltern nicht besuchen. Die Kinder konnten die Oma nur im Garten sehen, aber die Oma durfte keinen Kontakt zu ihnen haben. Aber nach der Wende konnte sie ihre Enkelkinder noch oft sehen. Heute ist die Oma tot und das Haus ist ein Café.

8
a) Die erste freie Wahl in der DDR
b) *von oben nach unten:* CDU / DA – SPD – PDS – DSU – FDP
c) 1a – 2b – 3b – 4b

9
Der Text ist **sachlich** geschrieben. Man erkennt es an Nummer 1 und Nummer 3.

10 *Vorschlag:*
Bertold Brecht wurde 1898 in Augsburg geboren. Sein ganzer Name war Eugen Berthold Friedrich Brecht. Mit 19 Jahren machte er 1917 ein Notabitur und wurde 1918 Soldat. Aber schon 1922 hatte seine erstes Theaterstück „Trommeln in der Nacht" in München die erste Aufführung. Brecht zog 1924 nach Berlin und arbeitete dort am Deutschen Theater, wo 1928 die Dreigroschenoper aufgeführt wurde. 1928 heiratete er die Schauspielerin Helene Weigel, mit der er drei Kinder bekam.
1933 musste die Familie Deutschland verlassen und lebte dann in verschiedenen Ländern Europas (immer auf der Flucht vor den Nationalsozialisten). Trotzdem machte Brecht weiter Theater und am 19. April 1941 hatte sein bekanntestes Stück „Mutter Courage und ihre Kinder" in Zürich Premiere. Kurz danach zieht die Familie in die USA.
Einige Jahre nach dem Krieg, 1949, kehrte Brecht wieder nach Ostberlin zurück und arbeitete als Theaterleiter. 1951 bekam er den Nationalpreis der DDR, aber schon 1953 distanzierte er sich von der DDR-Regierung, der Partei. Brecht starb 1956 durch einen Herzinfarkt.

11 *Vorschlag:*
Lieber Pedro,
gestern war ich im „Mauermuseum" hier in Berlin. Ich habe dort viele interessante Informationen über die Geschichte dieser Stadt bekommen. Besonders über die Mauer, die West- und Ostberlin getrennt hat. Es gibt eine Ausstellung über die Menschen, die aus der DDR geflüchtet sind. Es ist unglaublich, welche Ideen sie hatten. Sie sind sogar mit einem Heißluftballon über die Grenze geflogen!
Wenn du in Berlin bist, musst du das Museum besuchen. Es ist wirklich interessant.
Viele Grüße
(Name)

13 Produktwege

1
Produkt: *Foto B*, Produktion: *Foto A*

2
a) Die Arbeiterinnen in den Textilfabriken in Indien.
b) 2. günstig – 3. Baumwolle – 4. importieren – 5. Unfall – 6. Verbote –7. niemand schaut so genau hin – 8. die Fabrik – 9. die Qualität – 10. Zentrum der Textilproduktion – 11. Mindestlohn

3
2g – 3e – 4h – 5f – 6c – 7i – 8a – 9b

4
1. der Sand – 2. verbessern – 3. der Umsatz – 4. schick – 5. der Container – 6. die Strumpfhose – 7. importieren – 8. einstellen

5
1. Waren **be**stellen
2. die Wirkung genau **unter**suchen
3. die Mitarbeiter am Umsatz **be**teiligen
4. die Arbeitsbedingungen **ver**bessern
5. die Arbeitgeber zu mehr Lohn **auf**fordern
6. mehr Personal **ein**stellen
7. nicht genau **hin**schauen wollen
8. das Symbol nicht **er**kennen

6
1. Wir nähen nicht immer nach denselben Modellen, sondern entwickeln jedes Jahr neue Designs.
2. Wir importieren die Stoffe nicht aus dem Ausland, sondern kaufen sie in unserem Land.
3. Wir geben uns nicht so schnell zufrieden, sondern versuchen, unsere Qualität ständig zu verbessern.
4. Wir bieten nicht nur die beliebtesten Modelle an, sondern haben eine große Auswahl.
5. Wir zahlen unseren Mitarbeiten nicht immer den gleichen Lohn, sondern beteiligen sie finanziell am Erfolg.

7
1. Wir müssen die Produktion erhöhen, um die Umsätze zu steigern.
2. Wir müssen die Qualität verbessern, um die Produkte leichter verkaufen zu können.
3. Wir müssen mehr Werbung machen, um die Kunden besser zu informieren.
4. Wir müssen neue Filialen eröffnen, um mehr Produkte direkt zu verkaufen.
5. Wir müssen eine Telefon-Hotline aufmachen, um die Fragen der Kunden zu beantworten.
6. Wir müssen die Versandkosten streichen, um das Online-Angebot attraktiver zu machen.

8

a) „Auf dem Hof werden alle Lebensmittel selbst hergestellt. Nur das Brot wird bei einer Bio-Bäckerei gekauft. Im Supermarkt wird gar nicht mehr eingekauft.
Hinter dem Haus werden Hühner gehalten. Vor dem Haus werden Bienen gezüchtet und Honig produziert. Im Garten wird Obst und Gemüse gepflanzt und hier wird bald eine neuer Stall gebaut."

b)
1. Bald kann das Obst und Gemüse geerntet werden.
2. Zweimal am Tag müssen unsere Hühner gefüttert werden.
3. Die Tiere dürfen nicht immer im Stall gehalten werden.
4. Deshalb werden sie im Frühling und Sommer auf die Wiese geschickt.
5. Im Herbst müssen unsere Bienen auf den Winter vorbereitet werden.

9
2. Er lässt den Kollegen die neuen Stoffe aus dem Lager abholen.
3. Er lässt den Studenten die Baumwolle auspacken.
4. Er lässt die Sekretärin die Rechnungen überprüfen.
5. Er lässt den Assistenten die Kunden anrufen.

Die Sekretärin hat keine n-Deklination.

10
1: über ... berichtet – 2: interessieren .... für –
3: über ... freuen – 4: denken an und nicht ... an –
5: erinnert sich an ... 6: Auf ... geachtet – 7: an ... arbeiten – 8: auf ... warten – 9: für ... entscheiden

11
Aussage b ist die wichtigste.

12
richtig:
2: Zeile 4–6, 4: Zeile 11–12, 5: Zeile 13–15,
7: Zeile 25

13 *Vorschlag:*
Sehr geehrte Damen und Herren,
ich habe am (Datum) bei Ihnen Geschirr bestellt. Weil ich nicht zufrieden bin, sende ich Ihnen die Lieferung zurück und bitte Sie, mir das Geld wieder zurückzugeben.
Denn die Sendung ist eine ganze Woche zu spät gekommen, die Teller sehen ganz anders aus als auf dem Foto im Internet und außerdem waren zwei Teller kaputt, als sie hier angekommen sind. Bitte überweisen Sie das Geld auf meine Konto (Bankangaben).
Vielen Dank für Ihre Mühe.
Mit freundlichen Grüßen
(Name)

14 *Vorschlag:*
... und bin sehr zufrieden. Man hat ein sehr gutes Bild, überhaupt ist die Qualität super und das bei einem guten Preis. Auch die Bedienung ist einfach, obwohl ich nicht einmal die Gebrauchsanweisung gelesen habe. Der Fernseher wurde auch schnell geliefert: Schon nach zwei Tagen stand er in meinem Wohnzimmer. Ich kann das Gerät nur empfehlen.

15
Das Urlaubsgeld darf nicht gestrichen werden.
Eine Kinderbetreuung muss hier und jetzt (in der Firma) eingerichtet werden.
Die Pausenzeiten müssen eingehalten werden.
Die Überstunden müssen bezahlt werden.

16 *individuelle Lösung*

14 Unter einem D A CH

1
1: Tanzschule – 2: Saison – 3: bringen ... bei –
4: Erlebnis – 5: Generationen – 6: Tradition –
7: ermöglicht – 8: Angebot – 9: Damen

2 *von oben nach unten:*
Spanien – Hauptstadt – Landessprachen – Einwohnerzahl – Politisches – Nachbarländer – Geografisches – bekannte Namen – Produkte

3
1D – 2B – 3A

4
1b – 2b – 3a – 4a – 5b – 6b – 7b – 8b

5
1. Sie fährt mit der Bahn. Sie hat nämlich Angst vor dem Fliegen.
2. Außerdem fährt sie lieber mit dem Zug. Sie kann dort nämlich auch arbeiten.
3. Der Strom für den Computer ist kein Problem. Es gibt nämlich im ICE Steckdosen.

6
a)
1. Schon als Kind spielte Mozart nicht nur in Österreich, sondern auch in Deutschland.
2. Mozart trat nicht nur vor Kaiser Franz und Maria Theresia auf, sondern auch vor dem Dichter Goethe.
3. Mozart reiste nicht nur oft nach Deutschland, sondern auch nach Italien.
4. Außerdem war er nicht nur in Paris, sondern auch in Prag.
5. Er schrieb nicht nur große Opern, sondern auch Lieder, Konzerte und Sinfonien.

b) Trotz seines jungen Alters spielte er 1762 vor dem Kaiser.
Trotz des großen Talents bekam er nie eine Stelle in Italien.
Trotz seines kurzen Lebens schrieb er sehr viele Werke.
Trotz der vielen Arbeit bekam er mit seiner Frau Constanze 6 Kinder.
Trotz seines guten Einkommens starb er in Armut.

c) Obwohl er großes Talent hatte, bekam er nie eine Stelle in Italien.
Obwohl er ein kurzes Leben hatte, schrieb er sehr viele Werke.
Obwohl er viel Arbeit hatte, bekam er mit seiner Frau Constanze 6 Kinder.
Obwohl er ein gutes Einkommen hatte, starb er in Armut.

7
1. a) Wegen, b) Trotz
2. a) Wegen, b) Trotz
3. a) Wegen, b) Trotz
4. a) Trotz, b) Wegen

8
1. Ab Mitte der 50er-Jahre wurde sie vor allem in der BRD bekannt, in der sie schnell zum Publikumsliebling und „Lilo" genannt wurde.
2. International wurde sie durch ihre Rolle in der Komödie *Eins zwei drei* bekannt, die von dem berühmten Regisseur Billy Wilder in Berlin gedreht wurde.
3. Aber sie filmte nicht nur in Deutschland, sondern auch in anderen Ländern. In Frankreich arbeitete sie an der Seite von Jean Gabin, der vor allem als Kommissar Maigret bekannt wurde.
4. Liselotte Pulver hat ein sehr herzliches Lachen, das ihr Markenzeichen wurde.
5. Sie wurde mit vielen Preisen geehrt. Zuletzt 2012 mit dem SwissAward, den sie für ihr Lebenswerk bekommen hat.
6. Von 1978 bis 1983 konnte man sie als Lilo in der deutschen *Sesamstraße* sehen, die eine beliebte Kindersendung aus Amerika ist.

9
a) 1. Geografie – 2. Geschichte und Kultur – 3. Wirtschaft – 4. Tourismus

b)
1. 2888 km, 10 Länder: Zeile 1–4
2. Rumänien: Zeile 6
3. Vielleicht von den Kelten: Zeile 9–12
4. Johann Strauß: Zeile 12–14
5. Die Nordsee und das Schwarze Meer: Zeile 19–20
6. Es wird zum nächsten Ziel gebracht: Zeile 28–29

10
Irene Andress: *zu Abschnitt 2*, Andrea und Ralf: *zu Abschnitt 4*, Jonas Beier: *zu Abschnitt 1*, Hannes Kern: *zu Abschnitt 3*

11
a) *Schweizer und ihre Schokolade:* Schweizer essen Schokolade gerne als Snack (Zvieri) mit oder ohne Brot / zum Wein oder Kaffee / zu jeder Gelegenheit.
Geschichte der Industrie: Vor 400 Jahren brachte Kolombus die erste Kakaobohne nach Europa. Schweizer Chocolatiers machten daraus Süßigkeiten. Zwischen 1890 bis 1920 erlebte die Schweizer Schokoladenindustrie eine Blütezeit / hatte viel Erfolg. Denn in dieser Zeit besuchten reiche Touristen aus aller Welt die Schweiz und machten die Schokolade bekannt.
Produkte: Torten, Pralinen und Mousse au Chocolat.

LEBEN IN D A CH 4

1
Deutschland: Bayern, Baden Württemberg
Österreich: Voralberg
die Schweiz: Schaffhausen, 2x Appenzell, Zürich, Thurgau
kann man nicht zuordnen: Fürstentum Liechtenstein

2
a) blau, b) grün, c) rot

3
rot: 1. Geografischer Punkt, an dem sich die Grenzen von drei Ländern treffen. Es gibt insgesamt 22 in D A CH.
2. Deutschland: 173 Kilometer

blau: 1. Die IBK ist älter.
2. Die Förderung der wirtschaftlichen und kulturellen Zusammenarbeit der Länder in der Bodenseeregion. Kooperation in den Bereichen Bildung, Verkehr, Umwelt- und Wasserschutz.
grün: 1. In Kreuzlingen.
2. In Kreuzlingen und Konstanz wird das Seenachtfest von beiden Städten organisiert. In Bregenz gibt es jedes Jahr das „Spiel am See".

Ja! genau

Deutsch als Fremdsprache
Sprachtraining

Vera Menzel

B1

Cornelsen

Ja genau! B1

Deutsch als Fremdsprache
Sprachtraining

Im Auftrag des Verlages erarbeitet von:
Vera Menzel

In Zusammenarbeit mit der Redaktion: Andrea Finster

Bildredaktion: Nicola Späth
Projektleitung: Gunther Weimann

Illustrationen: Joachim Gottwald
Layoutkonzept und technische Umsetzung: zweiband.media, Berlin
Umschlaggestaltung: Rosendahl Berlin

Weitere Kursmaterialien:
Kurs-und Übungsbuch B1/1 ISBN 978-3-06-024161-3
Audio-CD für den Kursraum B1/1 ISBN 978-3-06-024170-5
Kurs-und Übungsbuch B1/2 ISBN 978-3-06-024162-0
Audio-CD für den Kursraum B1/2 ISBN 978-3-06-024171-2
Handreichungen für den Unterricht ISBN 978-3-06-024174-3
Unterrichtshilfe interaktiv auf CD-ROM ISBN 978-3-06-024179-8

www.cornelsen.de

Die Links zu externen Webseiten Dritter, die in diesem Lehrwerk angegeben sind, wurden vor Drucklegung sorgfältig auf ihre Aktualität geprüft. Der Verlag übernimmt keine Gewähr für die Aktualität und den Inhalt dieser Seiten oder solcher, die mit ihnen verlinkt sind.

1. Auflage, 1. Druck 2013

Alle Drucke dieser Auflage sind inhaltlich unverändert und können im Unterricht nebeneinander verwendet werden.

© 2013 Cornelsen Schulverlag GmbH, Berlin

Das Werk und seine Teile sind urheberrechtlich geschützt.
Jede Nutzung in anderen als den gesetzlich zugelassenen Fällen bedarf der vorherigen schriftlichen Einwilligung des Verlages.
Hinweis zu den §§ 46, 52a UrhG: Weder das Werk noch seine Teile dürfen ohne eine solche Einwilligung eingescannt und in ein Netzwerk eingestellt oder sonst öffentlich zugänglich gemacht werden. Dies gilt auch für Intranets von Schulen und sonstigen Bildungseinrichtungen.

Druck: Stürtz GmbH, Würzburg

ISBN 978-3-06-020464-9

 Inhalt gedruckt auf säurefreiem Papier aus nachhaltiger Forstwirtschaft.

Inhalt

1	Über das Lernen	4
2	Märchenwelten	10
3	Werte und Wünsche	16
	Leben in D A CH 1	22
4	Klima und Umwelt	24
5	Aktuell und kulturell	30
6	Gut essen	36
7	Dienstleistungen	42
	Leben in D A CH 2	48
8	Der liebe Haushalt	50
9	Reisen und arbeiten	56
10	Männer und Frauen	62
	Leben in D A CH 3	68
11	Lebenslinien	70
12	Das Ende der Mauer	76
13	Produktwege	82
14	Unter einem D A CH	88
	Leben in D A CH 4	94

Das **Sprachtraining B1** bietet ergänzende Übungen zur Vertiefung und Wiederholung des Lernstoffs der beiden Bände des Kurs- und Übungsbuchs *Ja genau! B1* an. Sie sind auf die Inhalte der entsprechenden Einheiten abgestimmt und eignen sich auch als Hausaufgaben.
Auf den Seiten *Leben in D A CH* werden zusätzliche Lesetexte und Aufgaben für den Kursraum zur Landeskunde angeboten.

Über das Lernen

Wortschatz

1 Lernen und Konzentration. Welches Wort passt? Kreuzen Sie an.

1. Ob wir wollen oder nicht, wir lernen jeden Tag etwas Neues. Denn unser ☐ Blut ☐ Gehirn muss immer mehr Informationen ☐ aufnehmen ☐ einfallen.

2. Oft merken wir nicht, dass es unwichtige Informationen ☐ aussortiert ☐ mitschreibt. Wenn wir bewusst lernen, entscheiden wir, welche Informationen ☐ realistisch ☐ nützlich sind.

3. Dann schalten wir das Gehirn auf ☐ Diskussion ☐ Konzentration und lernen zum Beispiel ☐ Regeln ☐ Wünsche auswendig.

4. Aber manchmal muss man es ☐ täuschen ☐ kommentieren, damit es nicht einfach abschaltet.

5. Es gibt ein paar ☐ Typen ☐ Tricks, die jeder ☐ motivieren ☐ ausprobieren kann.

6. Viele ☐ Experten ☐ Instrumente geben ☐ Ratschläge ☐ Abschnitte für erfolgreiches Lernen.

2 Welche Methoden fördern die Konzentration? Ergänzen Sie den Text.

abschalten • ausdenken • Blut • einfallen • fördern • Forscher • Gehirn • Gleiche • herumlaufen • hintereinander • mitschreiben • nützlich • Ratschlag • Reihenfolge • ~~überlegen~~ • unterschiedliche • Zeichnung

Sie sollten zum Beispiel nicht über längere Zeit das _____¹ lernen, sondern _____² Aufgaben in einer für Sie angenehmen _____³ machen. Beim Wörterlernen kann es helfen, wenn Sie sich eine _____⁴ machen oder sich zu jedem Wort einen Satz _____⁵. Im Unterricht ist es oft sehr _____⁶, wenn Sie _____⁷, was man Ihnen erzählt. Noch ein praktischer _____⁸ für das Lernen zu Hause: Sie _überlegen_⁹ schon lange und trotzdem _____ Ihnen nichts _____¹⁰? Machen Sie eine kurze Pause. Denn manchmal muss man einfach _____¹¹. Achten Sie also darauf, dass Sie nicht zu lange _____¹² arbeiten. Sie können im Zimmer oder auch draußen etwas _____¹³, dann fließt das _____¹⁴ besser durch den Körper und das _____¹⁵ kann besser arbeiten. Die _____¹⁶ wissen schon lange, dass Bewegung die Konzentration _____¹⁷.

3 Definitionen. Welches Wort passt? Ordnen Sie zu und ergänzen Sie bei den Nomen den Artikel und die Pluralform.

Abschnitt • Brust • drehen • Kaugummi • Knopf • (sich) leihen • Ton • Wunder

1. Das kann man nicht anfassen, sondern nur hören. _der Ton, die_
2. Das ist ein Stück aus einem Text. _____
3. Man kaut es, dann kann man vielleicht besser denken. _____
4. Wenn man etwas benutzt, das einem anderen gehört. _____
5. Etwas nach links oder rechts im Kreis bewegen. _____
6. Er ist klein und er hält die Hose zu. _____
7. Das kann man nicht erklären, man kann es nur glauben. _____
8. Das ist ein Teil vom Körper. _____

4 Wortfamilien. Notieren Sie zu jedem Verb das Nomen mit Artikel. Dann scheiben Sie zu jedem Verb einen Satz.

Tipp
Googeln Sie die Wörter und finden Sie Beispiele.

1. (sich) wünschen: _____
2. diskutieren: _____
3. forschen: _____
4. (sich) konzentrieren: _____

Grammatik

5 Wünsche und Vorstellungen: Wie können wir den Unterricht verbessern?
a) Schreiben Sie Sätze mit *würde* + Infinitiv wie im Beispiel.

Frau Lechner – regelmäßig einen Modelltest ...
➜ Frau Lechner **würde** gern regelmäßig einen Modelltest **machen**.

1. Herr Geyer – mehr Bewegung in den Unterricht ...
2. Frau Sander und Frau Meinhold – täglich die Hausaufgaben ...
3. die Direktorin – Kurse mit kleineren Gruppen ...
4. die jungen Lehrer – gern mit den Schülern über Methoden ...
5. Frau Völler – die unterschiedlichen Lerntypen stärker ...
6. Herr Kiesand – Lernplakate an die Wand ...
7. alle Kursleiter – die Lerner/innen zum Führen von einem Lerntagebuch ...

anbieten
auffordern
bringen
diskutieren
fördern
hängen
kontrollieren
~~machen~~

b) Was ist das Problem? Schreiben Sie die Sätze aus a) in der Ich/Wir-Form und ergänzen Sie einen Satz mit *aber* wie im Beispiel.

es fehlt: Zeit • Platz • Lehrer • Kursräume • Lust
man darf die Wände nicht bekleben

Ich würde gern regelmäßig einen Modelltest machen, aber wir haben zu wenig Zeit.

Über das Lernen

6 Lebenslanges Lernen. Ergänzen Sie den Text mit der richtigen Form von *werden*, *haben*, *sein* oder *wissen* im Konjunktiv II.

Pavel: Maria, was _____¹ du zum Thema „Lebenslanges Lernen" sagen?

Maria: Ich denke, dass es schön _____², wenn mehr Menschen und vor allem auch mehr Firmen über die Frage nachdenken _____³, welche Vorteile dieses Konzept für sie _____⁴. Denn ich denke, dass es für alle sehr nützlich _____⁵, wenn wir jedes Jahr etwas mehr über uns und unsere Arbeit _____⁶.

Pavel: Stimmt. Es _____⁷ auch langweilig, wenn man nach dem Schulabschluss oder der Ausbildung nichts Neues mehr lernen _____⁸.

Maria: Ja, genau! Aber ich _____⁹ mich hier nicht nur auf den Beruf konzentrieren. Wenn man zum Beispiel Tanzen oder Klavierspielen lernt, _____¹⁰ man Spaß und man _____¹¹ gleichzeitig das Gehirn fit halten.

Pavel: Ich _____¹² so gern mehr Zeit – und Geld! Dann _____¹³ ich reiten lernen. Wenn ich nur _____¹⁴, wie ich das bezahlen soll.

7 Was ist Ihre Meinung? Antworten Sie auf die Fragen und schreiben Sie einen Text.

1. Was würden Sie gern noch lernen?
2. Wie viel Zeit hätten Sie für etwas Neues?
3. Was könnte Ihre Freizeit interessanter machen?
4. Glauben Sie, dass Sie bessere Chancen im Beruf hätten, wenn Sie noch mehr lernen würden?
5. Könnte das Lernen gut für die Gesundheit sein? Wenn ja, wie?

8 Nützliche Tipps. Ergänzen Sie die E-Mails mit den Verben im Konjunktiv II.

Sehr geehrte Frau Meinhold,

ich _____¹ (werden) mich gern besser auf die B1-Prüfung vorbereiten, und dazu _____² (haben) ich ein paar Fragen:

• Wie _____³ (können) ich mein Hörverstehen verbessern?
• Was _____⁴ (müssen) ich tun, damit ich mir mehr Wörter merken kann?
• Wie _____⁵ (sollen) man Grammatik am besten lernen?

Ich _____⁶ (werden) mich über eine Antwort sehr freuen. Vielen Dank im Voraus.

Mit freundlichen Grüßen
Farjad

Lieber Farjad,

vielen Dank für Ihre Mail. Ich gebe Ihnen gern ein paar Tipps. Beim Hören _____⁷ (können) z. B. Videos sehr nützlich sein, denn wenn man auch sieht, was passiert, versteht man es besser und gewöhnt sich an die authentische Sprache. Wenn Sie sich kurze Videos aus dem Internet ansehen, _____⁸ (sein) das genau richtig. Das können Nachrichten, Interviews oder auch Lieder sein. Aber Sie _____⁹ (sollen) auch viel sprechen. Zum Lernen von neuen Wörtern _____¹⁰ (können) Sie Ihren Computer nutzen. Nehmen Sie die neuen Wörter auf, speichern Sie sie als Audiodatei und beim Abhören _____¹¹ (sollen) sie die Übersetzung laut sagen. Das _____¹² (müssen) gut funktionieren. Für Grammatikregeln _____¹³ (haben) ich auch einen Tipp: Sie _____¹⁴ (sollen) sich eigene Merksätze und Tabellen schreiben und sie im Bad neben dem Spiegel aufhängen. Dann _____¹⁵ (werden) Sie sie jeden Tag sehen.
Viele Grüße, Ines Meinhold

Lesen

9 Lesen Sie noch einmal die E-Mail von Frau Meinhold. Machen Sie eine Liste mit ihren Tipps.

10 Lesen Sie den Text und markieren Sie: richtig oder falsch?

> **Lernen und Internet**
> Ines Meinhold, DaF-Dozentin: „Als ich in der Schule war, hatten wir nicht einmal Kopiergeräte. Wir mussten alles aufschreiben. Videos? Internet? – Konnten wir vergessen! Heute kann man im Unterricht, aber auch zu Hause mit Videos aus dem Internet arbeiten. Auch Texte und Übungen findet man zu allen Themen – so etwas hat es noch nie gegeben! Früher hatten die Lerner zu wenig Materialien, heute muss man aufpassen, dass die Sachen aus dem Internet auch passen und gut sind. Denn es gibt so viel, dass man viele Dinge aussortieren muss und das ist nicht immer einfach. Beim Lernen im Internet fällt mir auch sofort der Begriff „Web 2.0" ein. Es gibt heute viele unterschiedliche Plattformen, die die Lerner nutzen können. Dort finden sie aktuelle Materialien und Online-Kurse und sie können sich austauschen. Das fördert das Interesse und kann das Lernen lebendiger machen. Besonders junge Lerner probieren E-Learning aus und haben damit Erfolg. Aber ob ich lieber mit anderen in einem Kurs oder zu Hause lerne, hängt auch davon ab, was für ein Typ ich bin."

	richtig	falsch
1. Früher musste man viel mehr schreiben.	☐	☐
2. Wenn man das möchte, kann man heute Videos aus dem Internet zum Sprachenlernen nutzen. Aber das ist teuer und kompliziert.	☐	☐
3. Nicht alle Materialien aus dem Internet sind gut.	☐	☐
4. Alle sollten heute das Internet nutzen, damit sie mehr lernen.	☐	☐

Über das Lernen

11 Lesen Sie zuerst die Situationen, dann die Anzeigen. Ordnen Sie zu. Zu einer Situation gibt es keine Anzeige, da machen Sie ein X.

1. ☐ Sie sind Lehrer/in und möchten mit Kollegen und Kolleginnen über neue Methoden diskutieren.
2. ☐ Sie möchten Zeichnen lernen und suchen einen Abendkurs.
3. ☐ Ihre Tochter hat schlechte Noten in Englisch und Sie suchen einen Nachhilfelehrer/eine Nachhilfelehrerin.
4. ☐ Sie würden gern wissen, warum sie sich manche Dinge gut merken können, andere aber nicht.
5. ☐ Sie interessieren sich für Gehirnforschung und würden gern mehr wissen.
6. ☐ Sie haben Konzentrationsprobleme und suchen Hilfe.

A
Studienkreis Online-Nachhilfe
Bei unserer Nachhilfe über das Internet lernt Ihr Kind in vertrauter Atmosphäre zu Hause mit einem Medium, das ihm Spaß macht.
www.studienkreis.de

B
Gesprächskreis für Lehrende
Immer mehr Schüler und Eltern sind mit dem Schulunterricht nicht zufrieden. Woran liegt das? Welche Methoden können Ihren Unterricht verbessern? Wir laden Sie zu einer offenen Diskussion zum Thema am Sa, den 09.10. in der Hermann-Gmeiner Schule ein.

C
STUDENT GIBT ENGLISCHSTUNDEN
Angehender Lehrer frischt Ihre Englischkenntnisse auf oder gibt Nachhilfe – individuell und günstig. Tel.: 88 97 65 54

D
Lerntraining
Das Lernen muss man lernen! Wie konzentriere ich mich? Welche Techniken helfen wirklich? Das erfahren Sie in unserem Seminar am 12.10. in der VHS Fürth. Anmeldungen unter 0911-324566

E
Gedächtnismodelle
Wie arbeitet das Gedächtnis? Warum erinnern wir uns an manche Sachen und andere vergessen wir sofort? Im Seminar präsentieren wir Modelle, die Ihnen ganz neue Erkenntnisse über den Prozess des Erinnerns liefern. Am 22.9. in der Stadthalle, 19:00 Uhr. Eintritt 8 Euro.

F
Sie sind Schauspieler/in?
Sie lieben Ihren Beruf, haben aber ein Problem beim Textlernen: Gedächtnistraining – praktisch und mit Spaß.

G
Vortrag zum Thema
Lernmaschine Gehirn
Die neuesten Erkenntnisse aus der aktuellen Forschung, präsentiert von Prof. Dr. Kopf.
Samstag, 14 Uhr, in der Urania

H
Studio „Monet"
Sie wollten schon immer zeichnen können oder Bilder malen? Und Sie haben es noch nie ausprobiert? Dann lernen Sie es doch! Kurse täglich von 10:00–11:00 und 15:00–16:00 Uhr

Kommunikation

12 Diskussion zum Thema „Soll man den Kindern bei den Hausaufgaben helfen?"
Lesen Sie die Rollenkarten und schreiben Sie einen Dialog.

Juliana
- die Kinder sollten alleine arbeiten, damit sie ihre Aufgaben selbst organisieren
- wenn sie immer Hilfe bekommen, lernen sie nichts / selbstständig denken
- werden unabhängiger
- stärkt das Selbstbewusstsein

Nadine
- Lernen muss man lernen, dabei brauchen die Kinder Hilfe
- die Aufgaben – oft viel zu schwer
- mit Eltern oder Nachhilfe – mehr lernen als allein / bessere Noten
- die Eltern – mit ihrer Hilfe machen sie die Kinder stärker

Juliana: Ich finde, dass die Kinder ... Denn dann müssen sie ...
Nadine: Aber ich glaube, dass ...

13 Einen Brief / eine E-Mail schreiben. Sie wollen einen Englischkurs auf Malta machen. Antworten Sie auf diese Anzeige. Nutzen Sie die Punkte unten.

Lernen Sie Englisch in unserer Sprachschule in Sliema, Malta.

Linguaenglish steht für qualitativ hochwertigen Unterricht mit familiärer Atmosphäre und mit engem, persönlichem Kontakt zwischen Schülern, Lehrern und Mitarbeitern.
Die Teilnahme am Sprachkurs findet immer in einer kleinen Gruppe statt, mit Teilnehmern, die auf dem gleichen Niveau wie Sie sind.
Linguaenglish versucht, ein optimales Preis-Leistungs-Verhältnis zu finden. Deshalb sind wir oft preisgünstiger als unsere Konkurrenten und bieten trotzdem qualitativ hochwertige Kurse an. **Linguaenglish**-Kurse sind für jeden geeignet, egal ob jung, alt, Student, Berufstätiger oder Rentner.
Unsere Schule ist im Stadtzentrum gelegen. Unser Freizeitangebot fördert den Kontakt zwischen den Lernenden. Unsere Mitarbeiter nehmen sich Zeit für Ihre individuellen Probleme.

– Sie interessieren sich für einen Kurs an dieser Schule.
– Fragen Sie, wo die Kursteilnehmer wohnen und ob die Schule auch Zimmer vermietet.
– Welche Anreisemöglichkeiten gibt es und holt man Sie ab?
– Fragen Sie nach dem Gesamtpreis und nach den Terminen.

14 Sprichwort zum Thema Lernen.
a) Was heißt das? Kreuzen Sie an.

„Was Hänschen nicht lernt, lernt Hans nimmermehr."
a) ☐ Hans kann nicht lernen.
b) ☐ Man muss in der Kindheit mit dem Lernen anfangen.

b) Wie denken Sie über dieses Sprichwort? Schreiben Sie einen Kommentar (100 Wörter).

Märchenwelten

Wortschatz

1 Das Wort „Märchen" – positiv oder negativ?
a) Ordnen Sie zu.

positiv ☺	negativ ☹
Satz 2	

1. Erzähl mir doch keine **Märchen** – du hast das Fenster kaputtgemacht!
2. Die Fußballweltmeisterschaft 2006 in Deutschland war ein Traum: fröhliche Fans, tolles Wetter und super Stimmung: Bis heute sagt man, sie war ein Sommer**märchen**.
3. Fleisch von glücklichen Tieren? Das ist doch ein **Märchen aus der Werbung**!
4. Diesen Urlaub wollte ich schon lange machen. Ich fühle mich wie im **Märchen**.
5. Das sind sicher alles nur **Märchen**, man kann mit Tabletten nicht gesund abnehmen!

b) Ordnen Sie die Sätze den Bildern zu.

2 Der Prinz und der Frosch. Ergänzen Sie die Artikel. Achten Sie auf die Form.

Es war einmal _eine_ ¹ schöne Prinzessin. _Die_ ² Prinzessin hatte _____ ³ süßen kleinen Frosch. Das Tier lebte in _____ ⁴ goldenen Brunnen und bewachte* _____ ⁵ Kugel aus Smaragden. Eines Tages kam _____ ⁶ Prinz und wollte _____ ⁷ Prinzessin heiraten. _____ ⁸ Frosch sagte: „Ich möchte ihn kennenlernen und mit ihm sprechen.", denn _____ ⁹ gute Fee hatte _____ ¹⁰ Frosch erzählt, dass _____ ¹¹ schöne Mann gar kein Prinz war: Er war in Wirklichkeit _____ ¹² böse Hexe, _____ ¹³ das Schloss und die Smaragdkugel haben wollte. _____ ¹⁴ Fee gab _____ ¹⁵ Frosch _____ ¹⁶ Versprechen, dass sie ihn in _____ ¹⁷ Menschen verwandelt, wenn er die Hochzeit verhindert.

Also sprach der Frosch mit _____ ¹⁸ Prinzen. Er sollte eine Frage über seine Mutter, _____ ¹⁹ Königin, beantworten, aber er wusste die Antwort nicht. Wütend wollte er den Frosch in _____ ²⁰ Hecke werfen, aber dieser verwandelte sich in _____ ²¹ großen jungen Mann. Er schenkte _____ ²² Prinzessin die Smaragdkugel, sie heirateten und – wir machen aus der Geschichte _____ ²³ Zeichentrickfilm.

* bewachen = auf etwas aufpassen

3 Märchen: immer das Gleiche? Ergänzen Sie die Verben. Achten Sie auf die Form.

gehen um • hereinkommen • runterlaufen • heiraten • retten • rufen • schneiden • versprechen • verwandeln • vorlesen • weglaufen

1. Jeder, der einem Kind schon einmal Märchen _____ hat, weiß, dass es eigentlich immer _____ das Gleiche _____ .

2. Es gibt die Guten und die Bösen. Ein Prinz muss eine Prinzessin _____ . Manchmal muss er dafür eine Hecke _____ oder eine gute Fee zu Hilfe _____ . Oder die Prinzessin _____ die Treppe _____ und verliert einen Schuh.

3. Eine böse Hexe _____ den Prinzen in ein Tier oder macht, dass die Prinzessin hundert Jahre schläft. Dann _kommt_ eine gute Fee _____ und _____ , dass alles gut wird.

4. Am Ende _____ die Bösen _____ , Prinz und Prinzessin _____ und alle sind glücklich.

Grammatik

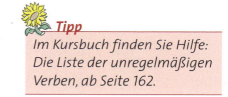

Tipp
Im Kursbuch finden Sie Hilfe: Die Liste der unregelmäßigen Verben, ab Seite 162.

4 Präteritumpoesie. Was reimt sich? Bilden Sie das Präteritum und finden Sie Paare wie im Beispiel.

Beispiel: kommen – kam   nehmen – nahm

bieten • bleiben • brechen • bringen • denken • essen • fallen • fliegen • lesen • müssen • schlafen • schreiben • sitzen • sollen • sprechen • wiegen • wissen • wollen • ziehen

5 Lesen sie die Verben im Präteritum und ordnen Sie die Infinitive in die Tabelle.

arbeitete • bekam • gab • ging • hatte • konnte • küsste • lebte • sah • schnitt • sollte • trug • wohnte • wollte

regelmäßige Formen	unregelmäßige Formen	Modalverben

Märchenwelten

6 Das Präteritum üben. Ergänzen Sie die Formen und schreiben Sie die Sätze in Ihr Heft.

a) Ich _ging_ zum Training.
Du _____ nach Hause.
Er _____ zur Arbeit.
Wir _____ nach Deutschland.
Ihr _____ einkaufen.
Sie _____ ins Krankenhaus.

b) Ich _____ an dem Projekt _____.
Du _nahmst_ an einer Diskussion _____.
Sie _____ am Unterricht _____.
Wir _____ an dem Wettbewerb _____.
Ihr _____ an den Olympischen Spielen _____.
Sie _____ an dem Programm _____.

c) Ich _____ dir einen Rat.
Du _____ mit etwas Geld.
Er _gab_ dem Arzt das Impfbuch.
Wir _____ dem Kellner Trinkgeld.
Ihr _____ dem Hund Fleisch.
Sie _____ der Oma Blumen.

d) Ich _____ vor 14 Jahren nach Berlin.
Du _____ zum Unterricht.
Sie _____ von der Arbeit.
Wir _____ alle zum Spieleabend.
Ihr _____ etwas später.
Sie _kamen_ mich besuchen.

e) Ich _____ keine Zeit.
Du _____ Schmerzen.
Er _____ einen Unfall.
Wir _hatten_ kein Fleisch auf dem Teller.
Ihr _____ Husten.
Sie _____ Schnupfen.

f) Ich _____ den ganzen Tag allein.
Du _____ selten zu Hause.
Sie _____ nett zu uns.
Wir _____ zufrieden.
Ihr _wart_ zum Glück da!
Sie _____ verzweifelt.

7 Wer ist das? Lesen Sie die Stichwörter und schreiben Sie eine Biografie im Präteritum.

? kam am 5. Dezember 1901...

- Er kommt am 5. Dezember 1901 in Chicago zur Welt, schon mit 14 Jahren zeichnet er.
- 1916 besucht er die Kunstakademie
- 1917 geht er mit dem Roten Kreuz nach Frankreich, weil er für das Militär zu jung ist.
- 1919 lernt er den Künstler Ub Iwerks kennen. Zusammen produzieren sie seinen ersten Zeichentrickfilm
- Er macht sich mit seinem Bruder selbstständig und produziert einige Kurzfilme, aber er hat keinen Erfolg.
- 1922 geht er nach Hollywood. Dort hat er eine Idee: Er will Tiere wie Menschen darstellen.
- Der Film „Oswald, der lustige Hase" ist ein großer Erfolg, aber das Geld verdienen andere.
- 1923 gründet er seine eigene Firma, 1925 heiratet er.
- 1926 zeichnet sein Partner, Ub Iwerks, die berühmteste Maus der Welt.
- Die Maus wird ein Star und er bekommt für sie 1936 den Ehren-Oscar.
- Er produziert viele Filme und gründet einen großen Vergnügungspark.
- Er stirbt am 15. Dezember 1966, aber seine Firma gibt es bis heute.

8 Noch ein Märchen. Schreiben Sie Sätze mit *nachdem* wie im Beispiel.

Beispiel: Wir organisierten einen Märchenabend. Wir fanden Märchen richtig spannend.
➡ Nachdem wir einen Märchenabend organisiert hatten, fanden wir Märchen richtig spannend.

1. Wir schrieben selbst ein Märchen. Dann wollten wir aus dem Märchen einen Film machen.
2. Wir dachten uns ein Drehbuch[1] aus. Dann suchten wir die Schauspieler.
3. Wir fanden gute Schauspieler. Dann luden wir einen Regisseur ein.
4. Der Regisseur las unser Drehbuch. Er begann mit der Arbeit am Film.
5. Zwei Jahre arbeitete man an dem Film. Dann war er fertig.
6. Wir zeigten den Film unseren Freunden und Familien. Wir stellten einen Ausschnitt von dem Film ins Internet.
7. Viele Menschen sahen sich ihn an. Wir verkauften DVDs.
8. Wir verdienten eine Million Euro mit unserem Film. Wir waren sehr glücklich.

[1] das Drehbuch = ein Buch für einen Film

9 Ein Weihnachtsgruß. Lesen Sie die Karte. Was passt? Ordnen Sie zu.

Frohe Weihnachten!

Liebe Gabi,

ich möchte Dir die DVD „Drei Nüsse für Aschenbrödel" (1), weil ich denke, dass dieser Film dir und (2) Kindern besonders zu (3) sehr viel Freude machen (4). Und (5) hattest du (6) mal erzählt, (7) du gern einen Märchenfilm als Geschenk (8). Und „Drei Nüsse für Aschenbrödel" ist ein wunderschönes (9)!

Liebe Grüße
Ines

a) hättest b) dass c) schenken
d) außerdem e) könnte f) deinen
g) Weihnachten h) Märchen i) mir

10 Aus groß wird klein. Ergänzen Sie die Wörter mit *-chen*.

1. Stars und _____ (Sterne).
2. Wer hat von meinen _____ (Teller) gegessen und aus meinem _____ (Tasse) getrunken?
3. Ist das _____ (Hund) nicht süß?
4. Heute ist Sonntag. Hast du _____ (Brot) gekauft?

Märchenwelten

Lesen

11 Lesen Sie den Text schnell. Was ist das Thema: a, b oder c?

a) Berühmte Schauspieler spielen im neuen Märchenfilm mit.   b) Verein engagiert sich für den Erhalt von Märchen   c) Neue Märchenbücher im Angebot

Prominente retten für Kinder das Märchenland

Schneewittchen, Dornröschen und der Froschkönig: Für viele Kinder heute unbekannte Namen. Sie kennen Shrek, Barbie und Lillifee und viele Computerhelden, die mit modernen Waffen und viel
5 *Gewalt Kriege gegen das Böse führen. Silke Fischer vom Verein Märchenland in Berlin will dagegensteuern und fand bei Prominenten Hilfe für ihr Projekt, das alle Eltern interessieren sollte.*
Ein großer Sessel, ein Frosch mit goldener
10 Krone und Bücher bis zur Decke – man sieht es sofort: Das Büro von Silke Fischer ist das Zentrum von „Märchenland". Die Literaturwissenschaftlerin gründete den Verein 2004. Seitdem organisiert sie jedes Jahr mehr als 1.500
15 Veranstaltungen für Kinder und Erwachsene in ganz Europa, zum Beispiel „Die Berliner Märchentage". Sie sagt: „Diese Geschichten müssen lebendig bleiben, denn unsere Kinder verlieren ihre Fantasie, weil sie immer weniger lesen und
20 immer mehr fernsehen oder am Computer spielen. Wenn dann meine Gäste ein Märchen vorlesen, passiert es schon mal, dass ein Kind fragt: „Wo läuft denn dieser Film?""
Silke Fischer ist überzeugt, dass Märchen mit
25 ihrer klaren Struktur auch sehr wichtig sind für das Leben. Kinder erfahren so, dass das Gute das Böse besiegen muss und
30 kann. Das tut ihrem Sinn für Gerechtigkeit gut. Aber der Verein muss immer wieder mit Geldpro-
35 blemen kämpfen, nur mit Hilfe von vielen engagierten Eltern und der Unterstützung von bekannten Schauspielern konnte die Finanzierung erst einmal gerettet werden.
40 Bald stehen die Gebrüder Grimm im Mittelpunkt. Die Brüder lebten und schrieben in der Stadt, in der auch der Verein sein Zuhause hat, und 2012 ist es genau 200 Jahre her, dass der erste Band der „Kinder- und Hausmärchen"
45 erschien. Pünktlich zu diesem Ereignis veröffentlicht Silke Fischer die „Märchen-Apotheke", eine neue Sammlung der beliebtesten grimmschen Märchen für die ganze Familie.

Der Politiker R. Haseloff bei den Märchentagen

nach: „Prominente retten für Kinder das Märchenland",
airberlin magazin Nov./Dez. 2011

12 Lesen Sie die Aussagen und ordnen Sie ihnen die richtigen Zeilen aus dem Text zu.

1. Die Kinder von heute kennen viele Märchenfiguren nicht mehr.
2. Eine Literaturwissenschaftlerin hat einen Verein gegründet, weil sie möchte, dass Märchen bekannt bleiben.
3. Viele berühmte Menschen aus Funk und Fernsehen machen bei den Veranstaltungen mit und lesen Märchen vor.
4. Märchen sind schön, aber auch nützlich für die Erziehung.
5. Der Verein hat wenig Geld, bekommt aber Hilfe.
6. Die Gebrüder Grimm spielen im Jahr 2012 eine wichtige Rolle.
7. Silke Fischer hat ein neues Märchenbuch veröffentlicht.

13 Schreiben Sie eine Zusammenfassung. Die Sätze aus Aufgabe 12 helfen Ihnen.

Kommunikation

14 Ein Märchen erzählen: Dornröschen.

a) Ordnen Sie die Texte den Bildern zu.

1. Als Dornröschen ihren 15. Geburtstag feierte, fand das neugierige Mädchen im Schloss ein Spinnrad. Sie stach sich in den Finger ...

2. Aber eines Tages sagte ein Frosch zur Königin, dass sie bald ein Kind bekommen würde.

3. Es waren einmal ein König und eine Königin, die waren sehr traurig, weil sie kein Kind bekamen.

4. Sie feierten eine große Hochzeit und wenn sie nicht gestorben sind, dann leben sie noch heute.

5. ... und fiel in einen tiefen Schlaf. Auch alle Menschen im Schloss schliefen ein, und eine große Hecke wuchs um das Schloss herum.

6. Er findet Dornröschen und küsst sie. Da wacht sie sofort auf und verliebt sich in den Prinzen.

7. Zur Geburt feierten sie ein großes Fest. Aber die 13. Fee war sauer, weil man sie nicht eingeladen hatte. Sie sprach einen bösen Wunsch aus.

8. Nach 100 Jahren kämpfte sich ein Prinz durch die Hecke.

b) Erzählen Sie das Märchen einem deutschsprachigen Kind. Üben Sie im Kurs mit einem Partner / einer Partnerin.

15 Welchen Film haben Sie zuletzt gesehen? Was hat Ihnen (nicht) gefallen? Schreiben Sie einen Text (ca. 80 Wörter).

Ich habe ... gesehen. Eine tolle Komödie / Ein Liebesfilm, ich musste lachen/weinen.
Ich fand den Schauspieler/die Schauspielerin ... super/schlecht/langweilig. Sie hat/haben ...
Die Geschichte war sehr interessant/lustig/traurig/...

Werte und Wünsche

Wortschatz

1 Materiell oder nicht? Ordnen Sie die Wörter in die Tabelle ein.

Werte, die man bezahlen kann	Werte, die man nicht bezahlen kann

das Auto • der Besitz • die Bildung • die Demokratie • die Freiheit • die Freundschaft • der Frieden • die Gerechtigkeit • der Glaube • das Glück • das Gold • die Hubschrauber-Tour • die Sicherheit • das Sparkonto • der Tablet-Computer • die Villa • das Zuhause

2 Was ist neu?
a) Lesen Sie den Text und unterstreichen Sie die Wörter, die Sie in Einheit 3 gelernt haben.

Michael (32): „Ich bin mit der europäischen Idee groß geworden, denn wir wohnten in Aachen. Da sind Holland, Belgien und Frankreich nicht weit. Im Studium bin ich auch oft nach Luxemburg gefahren, um dort billiger zu tanken und von unseren Touren nach Holland sind wir immer mit Käse und Blumen zurückgekommen. Manchmal habe ich an der holländischen Küste auch in einem Hotel gejobbt. Das ist ein wirtschaftlicher Vorteil von der europäischen Freiheit, der mir geholfen hat, mein Studium zu finanzieren. Aber das Wichtigste sind, denke ich, die europäischen Werte: Demokratie, Sicherheit und Frieden in Europa. Natürlich bedeutet Europa für die unterschiedlichen Regierungen auch, dass sie Kompromisse finden müssen – wie in jeder großen Familie. Der Glaube an die europäischen Werte ist sehr wichtig für mich."

b) Ordnen Sie die Wörter in einer Liste nach Adjektiv, Verb und Nomen und ergänzen Sie bei den Nomen die Artikel und die Pluralformen.

3 Welche Endung passt: *-heit*, *-keit*, *-isch*, *-schaft* oder *-ung*?

1. die Sicher_____
2. europä_____
3. die Vermut_____
4. die Regier_____
5. die Gerechtig_____
6. die Bild_____
7. die Freund_____
8. die Gründ_____

4 Erfolgreiche Unternehmensgründung. Was passt zusammen? Ordnen Sie zu.

1. ein Unternehmen
2. das Geschäft
3. für Sicherheiten
4. einen Kompromiss
5. das Geld
6. den ersten Platz in der Statistik

a) sorgen
b) finden
c) finanzieren
d) gründen
e) belegen
f) zurückgeben

5 Rauchen auf der Straße: ja oder nein? Was passt? Ergänzen Sie den Dialog. Achten Sie auf die richtige Form der Wörter.

das Argument • die Freiheit • die Gerechtigkeit •
der Grund • der Kompromiss • der Staat •
der Unsinn • die Vermutung

demonstrieren • feststellen •
halten (von) • hinausgehen •
sorgen (für) • verbieten

Michael (32), diskutiert mit seiner Mutter, Hilde (63), über die Frage: „Soll man das Rauchen auf der Straße _____¹?" Hilde raucht seit 40 Jahren, Michael ist Nichtraucher.

Michael: Ich finde, der _____² muss für die Gesundheit der Menschen _____³ und das Rauchen auf der Straße verbieten.

Hilde: Was? Dagegen würden alle Raucher sofort _____⁴ – das ist jedenfalls meine _Vermutung_ ⁵! Also ich _____⁶ nichts davon.

Michael: Aber schau mal. Die Forscher haben _____⁷, dass das Passivrauchen sehr schädlich ist. Wenn ich z. B. an der Haltestelle auf den Bus warte und neben mir jemand raucht, dann muss ich das einatmen. Das ist doch ein wichtiges _____⁸!

Hilde: Dann müsste man überhaupt alles verbieten, was die Menschen krank machen kann: Autos, Kosmetik, Schokolade, Kaffee …

Michael: Das ist doch _____⁹!

Hilde: Ja, aber es gibt immer einen _____¹⁰, etwas zu verbieten. Schau, ich will auch _____¹¹ für alle, aber das heißt auch, dass Raucher/innen die _____¹² haben müssen, irgendwo zu rauchen. Wenn sie auf die Straße _____¹³, ist das immer noch das Beste für alle. Man muss auch mal _____¹⁴ machen.

Grammatik

6 Ein Philosoph. Wiederholung: Verben mit Präposition. Schreiben Sie den Text in Ihr Heft und ergänzen Sie die Präpositionen, die fehlen.

René studiert Musik und Philosophie. Wir haben ihn gefragt, was seiner Meinung nach wirklich wichtig ist.
René: „Hier denke ich zuerst (1) die individuellen, persönlichen Werte. Es ist wichtig, dass der Mensch (2) etwas glaubt und sich (3) etwas interessiert. Ich ärgere mich oft (4) Leute, die nur arbeiten, um immer mehr zu besitzen. Wenn jemand sehr viel hat, macht ihn das nicht unbedingt frei, denn er oder sie hängt dann immer (5) seinem Erfolg ab. Dagegen halte ich viel (6) Menschen, die sich in einem Beruf engagieren, der sie glücklich macht.

Werte und Wünsche

7 Opa hört schwer. Ergänzen Sie die W-Wörter und schreiben Sie Sätze wie im Beispiel.

1. Kurt, _____ fängt heute der Krimi im Fernsehen an?
2. _____ hast du für den Einkauf bezahlt?
3. _____ sind deine Herztabletten?
4. _____ hast du die Zeitung gelegt?
5. _____ wollen wir am Wochenende machen?
6. _____ konntest du heute Mittag nicht schlafen?
7. _____ hat heute früh angerufen?
8. _____ oft hast du heute schon etwas getrunken?
9. _____ lange hast du deine Gymnastik gemacht?

8 Opa ist neugierig. Schreiben Sie den Dialog in Nebensätzen wie im Beispiel.

Mathilde Menzel hat mit ihrer Schwester Reni telefoniert. Kurt möchte wissen, worüber die Frauen gesprochen haben. Mathilde erzählt es ihm.

Beispiel: Mathilde: Na, wie geht es dir? ▸ Reni: Mir geht es schon viel besser.
Ich habe Reni gefragt / Ich wollte wissen / Mich interessierte, wie es ihr geht.
Sie hat gesagt/geantwortet/erzählt, dass es ihr viel besser geht.

1. *Mathilde:* Was hast du heute gemacht? — *Reni:* Ich habe ein wenig im Garten gearbeitet.
2. *Mathilde:* Wie geht es deinem Bein? — *Reni:* Viel besser. Es tut nicht mehr weh.
3. *Mathilde:* Wer hilft dir beim Einkaufen? — *Reni:* Mein Enkel bringt mir immer alles mit.
4. *Mathilde:* Wann könnte ich zu dir kommen? — *Reni:* Am Sonntag wäre es gut.
5. *Mathilde:* Warum geht es nicht früher? — *Reni:* Bis Sonntag ist meine Tochter zu Besuch.
6. *Mathilde:* Wo arbeitet Petra jetzt? — *Reni:* Sie arbeitet bei einem Reiseunternehmen.

9 Ist es schwierig, ein Unternehmen zu gründen?
a) Schreiben Sie Sätze mit Infinitiv + zu.

Beispiel: wichtig/eine bestimmte Summe haben
▸ Es ist wichtig, eine bestimmte Summe zu haben.

1. der/die Unternehmer/in, genug Zeit brauchen / alles gründlich vorbereiten
2. oft kompliziert / alles richtig planen
3. in speziellen Seminaren, man kann lernen / Probleme erkennen und lösen
4. man, nicht vergessen dürfen / die Kosten genau aufschreiben
5. man Lust haben sollen / viel arbeiten und eigene Entscheidungen treffen
6. dann kann es viel Spaß machen / selbstständig arbeiten

b) Lesen Sie die Fragen und schreiben Sie mit den Satzanfängen je eine Antwort.

1. Hätten Sie Lust, selbst ein Unternehmen zu gründen? Was für eins?
2. Wie wäre es möglich, das eigene Unternehmen zu finanzieren?
3. Haben Sie schon mal versucht, eine Firma zu gründen oder zu leiten?
4. Mit welchem Schritt würden Sie beginnen, ihr Unternehmen aufzubauen?
5. Finden Sie es richtig, einen Kredit für das Unternehmen aufzunehmen?

Ich hätte Lust, ein/e/en ...
Es wäre möglich, einen ...
Ich habe (nie) versucht, ...
Ich würde damit beginnen, ...
Ich finde es (nicht) richtig, ... Denn ...

10 Mit oder ohne *zu*? Ergänzen Sie *zu*, wenn nötig.

Pavel, Maria und Kazushi haben die Aufgabe, einen Ausflug mit ihrem Deutschkurs in Berlin ____ organisieren.
Sie überlegen, was man zusammen ____ machen könnte.
Was würde allen Spaß ____ machen?

Maria: Meint ihr, es wäre nett, ins Museum ____ gehen?

Pavel: Schon, aber bei dem schönen Wetter würden sich die Leute auch freuen, draußen ____ sein.

Kazushi: Wir sollten versuchen, beide Aktivitäten ____ kombinieren. Ich überlege zum Beispiel, den Reichstag ____ besichtigen oder nach Potsdam ____ fahren.

Maria: Wir könnten eine Fahrt mit dem Schiff durch die City ____ machen.

Pavel: Oh, das ist eine tolle Idee. So wäre es möglich, gleichzeitig Sehenswürdigkeiten ____ sehen, etwas über die Geschichte der Stadt ____ lernen und auch viel Zeit an an der frischen Luft ____ verbringen.

Kazushi: Ja genau, so machen wir das! Hättet ihr Lust, danach noch ins Kino ____ gehen?

Maria: Ich habe nichts dagegen, ins Kino ____ gehen, aber vorher muss man ____ wissen, welcher Film läuft. Es nervt mich, mir Horror- oder Actionfilme an ____ sehen.

Kazushi: Wieso? Es ist doch toll, einen spannenden Abend ____ verbringen.

Pavel: Es ist wichtig, einen Film aus ____ wählen, der allen gefällt. Im Moment soll eine nette Komödie ____ laufen.

Maria: Super, dann müssen wir jetzt nur noch alles mit den anderen ____ besprechen.

Werte und Wünsche

Lesen

11 „Für viele war ich das Geld-Schwein".
a) Lesen Sie das Interview. Ist Herr Rabeder heute glücklicher?

Sie haben gelesen, dass Karl Rabeder früher sehr reich war. Dann begann er, sich von seinem Besitz zu trennen. Er verloste seine Villa und verkaufte seinen Besitz. Das Geld bekam sein Verein *MyMicroCredit*. Heute lebt er in einem 19-Quadratmeter-Häuschen in den Bergen. Im Interview erzählt er, wie es ihm nun geht.

Spiegel online: Herr Rabeder, ist Ihr neues Leben wirklich so toll, wie Sie es sich vorgestellt haben?
Karl Rabeder: Nein, besser. Vor knapp einem Jahr hat man ein Foto von mir gemacht, wie ich vor meiner Villa stehe. Wenn Sie sich das heute ansehen, fallen zwei Dinge auf: Ich sehe auf dem Foto mindestens zehn Jahre älter, traurig und müde aus.

Spiegel online: Der Abschied vom Geld hat Sie jünger und glücklicher gemacht?
Karl Rabeder: Ich lebe jetzt das, was für mich wirklich wichtig ist.
Spiegel online: Und was ist das?
Karl Rabeder: Zeit für sich zu haben und interessanten Menschen zu begegnen. Früher war es schwierig, mit Menschen, die nicht so viel Geld hatten, in Kontakt zu kommen. Für sie war ich ein „Geld-Schwein". [...]
Spiegel online: Wie sieht heute ein normaler Tag bei Ihnen aus?
Karl Rabeder: Den gibt es nicht. Wenn ich ein Seminar gebe, ist der Tag natürlich organisiert. Aber an den anderen Tagen ist es tatsächlich so, dass ich einfach wach werde, wenn mein Körper wach wird. Dann höre ich in mich hinein und frage mich, wozu ich Lust habe. Meistens beginne ich den Tag mit Qigong*. Manchmal kann es sein, dass ich einfach zehn Stunden lang schreibe, weil ich gerade so viele Ideen habe. Wenn ich unproduktiv bin, gehe ich in die Berge, auch wenn ich eigentlich einen Abgabetermin einhalten sollte.
Spiegel online: Glauben Sie, dass man mit Geld nicht glücklich sein kann?
Karl Rabeder: Ich glaube, dass es andersherum richtig ist: Wenn man glücklich ist, braucht man kein oder nur wenig Geld. Es gibt eine Übung, die ich auch in meinen Seminaren gerne mache: Schreiben Sie die zehn für Sie wichtigsten Werte auf, und schreiben Sie die Summe in Euro dazu, die Sie dafür brauchen. So sieht man, dass die wichtigsten Dinge im Leben gar keine Dinge sind und dass man sie auch nicht kaufen kann. Ich erlaube mir jetzt, meine Werteliste von oben nach unten zu leben.

*das Qigong = eine asiatische Gymnastik

nach: http://www.spiegel.de/panorama/ex-millionaer-rabeder-fuer-viele-war-ich-das-geld-schwein-a-794458.html

b) Lesen Sie den Text noch einmal. Was ist neu im Leben von Herrn Rabeder? Markieren Sie im Text und machen Sie Stichwörter.

– er lebt in einem kleinen Haus in den Bergen

Kommunikation

12 Meine persönliche Werteliste. Lesen Sie noch einmal, welche Übung Herr Rabeder in seinem Seminar macht. Schreiben Sie Ihre Werteliste.

– eine gesunde Familie
– …

13 Braucht man Geld zum Glücklichsein? Sollten reiche Menschen ihr Geld für soziale Projekte spenden? Wählen Sie vier Aussagen aus. Notieren Sie zu jeder Aussage Sätze, die Ihre Meinung ausdrücken. Begründen Sie diese auch mit *weil*- Sätzen.

– Besitz macht unfrei. / Geld macht frei.
– Arme Menschen können (nicht) genauso glücklich sein wie reiche.
– Reiche Menschen sollten ihren ganzen Besitz weggeben, wenn sie glücklich werden wollen. / Reiche Menschen haben oft hart für ihr Geld gearbeitet. Sie können damit machen, was sie wollen.
– Reiche Menschen sollen darüber nachdenken, wie sie anderen helfen können.
– Wenn man seinen Reichtum nicht mit anderen Menschen teilt, hat man keine Freude.

Das sehe ich auch so.	Das finde ich nicht.
Das ist auch meine Meinung.	Das ist doch Unsinn.
Sehr richtig!	Ich bin anderer Meinung, weil …
Das stimmt, weil …	Das stimmt (überhaupt) nicht. Denn …
Ja, so ist es.	Nein, das kann man so nicht sehen.

14 Max und Sabine diskutieren: „Soll man seine Meinung immer direkt sagen?"
a) Lesen Sie die Rollenkarten und schreiben Sie einen Dialog.

Sabine
– lieber gleich alles sagen, was man denkt
– aber wichtig, die anderen über seine Meinung zu informieren
– weil – ehrlich sein
– wenigstens – der Ärger dann weg
– was – vorschlagen?

Max
– damit kann man jemanden traurig machen
– warum so wichtig?
– nur wichtig, wenn sich etwas ändert
– aber dann, der/die andere sich ärgern
– von der Situation abhängen

b) Und was denken Sie? Schreiben Sie einen Text (100 Wörter).

15 In Ihrer Straße gibt es ein Lärmproblem. Schreiben Sie einen Brief an das Bürgeramt. Nutzen Sie diese Punkte.

– Sie wohnen Bundesallee / Ecke Hauptstraße
– es gibt sehr viel Verkehr – es ist viel zu laut
– auch nachts: niemand kann ruhig schlafen
– das macht krank
– Sie fordern ein Tempolimit[1]

[1] das Tempolimit = die Autos dürfen z. B. nur noch 30 km/h fahren

Leben in D A CH 1

Lernen – ein Leben lang

1 Ordnen Sie den Sätzen Wörter aus der Grafik zu. Dann sprechen Sie im Kurs über die Frage: Was hat das mit Lernen zu tun?

1. Seit ich in Pension bin, gehe ich einmal die Woche ins Nachbarschaftshaus und helfe den Kindern bei ihren Hausaufgaben. Das hält jung.
2. Als Kind habe ich Tischtennis gespielt – richtig mit Turnieren und so. Ich war sehr ehrgeizig und wollte immer gewinnen. Aber noch wichtiger waren die Freunde, die ich im Verein hatte.
3. Mit 20 hatte ich dann endlich den Führerschein – ein Stück Freiheit!
4. Mein Vater hat mir gezeigt, wie man Fahrräder repariert – das kann ich heute noch.

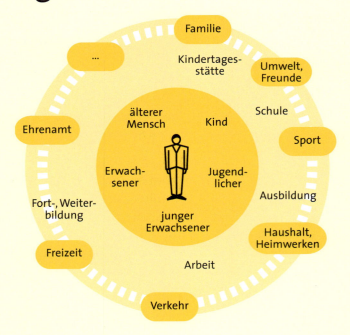

2 Mein Erasmusjahr in Darmstadt – eine spanische Studentin erzählt.
a) Lesen Sie den Text auf Seite 23. Ordnen Sie die Fotos den Abschnitten zu.

Info ERASMUS ist Teil des EU-Bildungsprogramms SOKRATES, das lebenslanges Lernen für alle EU-Bürger fördern will. Das Erasmus-Programm organisiert vor allem Auslandsaufenthalte von Studenten und Studentinnen.

1. ☐G Hallo, ich heiße Inma Garrado Vences. Ich habe im Wintersemester 2011/2012 an der Fachhochschule Darmstadt im Rahmen des Erasmus-Programms studiert. Darmstadt ist eine eher kleine Stadt mit ungefähr 150.000 Einwohnern. Aber es gibt zwei Universtäten.

2. ☐ Als ‚Erasmus' kann man ein Zimmer im Studentenwohnheim bekommen, das machen auch die meisten. Es ist praktischer, wenn man nur wenig oder gar kein Deutsch kann. Es ist auch sehr schwer, in Darmstadt eine Wohnung zu bekommen. Sie sind teuer und meistens ohne Möbel. Ich hatte Glück und habe mit einem Kommilitonen eine 2-Zimmer-Wohnung gefunden. Sie kostete 500 Euro.

3. ☐ Das Stadtzentrum rund um den Luisenplatz ist klein, aber es ist alles da, was man braucht: Geschäfte, Supermärkte usw. Hier gibt es Lidl und Aldi wie bei uns, aber auch REWE und Penny sind gut. Sie öffnen früher (schon um 8 Uhr), aber sie schließen auch früher (manche schon um 18 Uhr) als in Spanien. Nur Lidl und Penny haben bis 20 Uhr geöffnet. Es gibt ein paar Kinos und ein neues Theater. Studenten bekommen ermäßigten und manchmal (Oper!) sogar freien Eintritt.

4. ☐ In Darmstadt selbst gibt es nicht viele Sehenswürdigkeiten. Aber man sollte die Mathildenhöhe besuchen. Außerdem hat es mich sehr beeindruckt, wie viele schöne und große Parks diese kleine Stadt hat: Herrengarten, Rosenhöhe, Orangerie – um nur einige zu nennen. Man kann dort viel Zeit im Freien verbringen und sie sind wunderschön.

5. ☐ Natürlich muss das Wetter mitspielen. Dazu: Ja, der Winter ist hart – auch wenn Hessen zu den wärmsten Regionen von Deutschland gehört. Im Dezember wurde es schon mal minus 14 Grad kalt. Aber sonst ist das Wetter im Winter ungefähr wie bei uns in Granada an den kältesten Tagen. Im April und im Mai kann es schon sommerlich heiß werden. Es kann aber auch sein, dass es den ganzen Tag nur regnet – auch im Sommer! Trotzdem wird es nie langweilig. Die Unis bieten viele Sportgruppen an: Basketball, Volleyball, Salsa und vieles mehr, in denen man für wenig Geld trainieren kann.

6. ☐ Außerdem kann man mit seinem Semesterticket das komplette Netz der RVV (die öffentlichen Verkehrsbetriebe) benutzen – und das ist in Deutschland sehr gut organisiert und superpünktlich. Wenn ihr gerne feiert und größere Diskotheken besuchen wollt, könnt ihr also problemlos nach Frankfurt am Main fahren, das nur 30 km entfernt ist. Mit dem Ticket kann man aber auch andere interessante Städte wie Mainz oder Wiesbaden (die Landeshauptstadt) besuchen.

7. ☐ Zum Schluss noch ein paar Tipps: Man sollte unbedingt einen Monat vor Semesterbeginn ankommen. Die Uni organisiert Exkursionen, um einen Eindruck von der neuen Umgebung zu bekommen. Man lernt schon einmal Leute kennen und kann den Papierkram erledigen. Außerdem ist alles viel leichter, wenn man vorher Deutsch lernt. Ich habe im Sommer einen Intensivkurs am Goethe-Institut München gemacht – und bin mit Niveau A2 angekommen. An der Uni kann man dann weitermachen, es werden verschiedene Sprachkurse angeboten. Ja, der ganze Papierkram vorher und nachher ist fürchterlich – aber es lohnt sich. Es war eine tolle Erfahrung und alle, sowohl die Studenten als auch die Professoren haben mir immer geholfen.

b) Lesen Sie den Text noch einmal und sammeln Sie Informationen zu den Themen.

die Stadt	das Wetter	der Verkehr	die Freizeit	die Vorbereitung

3 Darmstadt in Hessen.
a) Bilden Sie Gruppen und recherchieren Sie im Internet zu folgenden Begriffen.

Darmstadt (Lage, Theater, Sportgruppen, Wirtschaft, Sehenswürdigkeiten)

Hessen (wichtigste Städte, Klima, Landschaft, Sehenswürdigkeiten, Essen)

b) Tauschen Sie Ihre Informationen aus. Sprechen Sie im Kurs: Würden Sie gern ein halbes Jahr dort leben? Wo genau? Warum (nicht)? Wo sonst?

Klima und Umwelt

Wortschatz

1 „Ich wär so gern ein Klimaheld!" Was kann man tun? Verbinden Sie die Wörter und machen Sie ein Wörternetz.

abdecken • analysieren • ausschalten • auf … achten • sich für … begeistern • sich für … engagieren • trennen • sparen • toasten • weniger heizen • auf … verzichten

der Strom • die Töpfe • der tägliche Wasserverbrauch • die Stand-by-Funktion • der Klimaschutz • kein Brot • das Auto • die Umweltschutzprojekte • der Abfall • im Winter

Strom sparen

den Abfall trennen

2 Ein Picknick auf dem Berg. Ordnen Sie die Bilder und ergänzen Sie den Text. Unten finden Sie Hilfe.

A   B   C         D

Liebes Tagebuch,

gestern wollten wir ein _____¹ machen. Morgens sind wir erst einmal in den Supermarkt gefahren, eigentlich brauchten wir nicht viel, aber es wurde ein _____². Ich habe einen Nudelsalat gemacht und Ulli hat Wurstbrote in _____³ eingepackt. Dann ging es endlich los. Bis wir auf dem Wanderweg waren, war es schon Mittag und die Temperatur _____⁴ auf fast 30 Grad. Dann waren wir oben, aber plötzlich _____⁵ sich das Wetter: Immer mehr Wolken _____⁶ am Himmel und ich begann, ganz schrecklich zu _____⁷. Es war *unglaublich*⁸! Wir fanden es besser, auf den Salat zu _____⁹ und lieber schnell zurückzugehen. Im Radio hatten sie nämlich noch auf die Gefahren in den Bergen bei einem Wetterwechsel _____¹⁰. Ich hatte ganz schön _____¹¹, aber das habe ich Ulli gegenüber natürlich nicht _____¹². Aber alles ging _____¹³ und abends waren wir wieder zu Hause. Leider konnten wir den Salat nicht mehr essen, er war in der ganzen Tasche verteilt, denn ich hatte vergessen, ihn _____¹⁴.

abdecken • sich ändern • entstehen • die Folie • frieren • der Großeinkauf • gut (gehen) • hinweisen (auf) • die Panik • das Picknick • steigen • unglaublich • verzichten (auf) • zugeben

Grammatik

3 „Stop talking, start planting!" Das ist das Motto von „Plant for the planet".
Wie ist diese Initiative entstanden?
a) Wozu? Schreiben Sie *um ... zu*-Sätze wie im Beispiel.

Beispiel:
Viele Kinder machen bei „Plant for the planet" mit. Sie wollen etwas für ihre Erde tun.
➤ Viele Kinder machen bei „Plant for the planet" mit, um etwas für ihre Erde zu tun.

1. 2007 hatte der Schüler Felix Finkbeiner ein Referat* über den Klimawandel gehalten. Er wollte eine gute Note bekommen.
2. Er hatte das Thema gewählt, weil er das Interesse für den Umweltschutz in seiner Klasse steigern wollte.
3. Er hatte eine Idee. Er wollte etwas gegen die hohe CO_2-Belastung tun.
4. Kinder sollen in jedem Land eine Million Bäume pflanzen. Die Bäume binden das CO_2 aus der Luft und das Klima verbessert sich.
5. Kinder aus der ganzen Welt wollen mitmachen. Sie wollen etwas für die Umwelt tun.
6. Im Internet gibt es einen Baumzähler. So kann man sehen, wie viele neue Bäume es schon gibt.
7. Denn Menschen in aller Welt müssen insgesamt 1000 Milliarden Bäume pflanzen. Dann wäre das Ziel von „Plant for the planet" erreicht.

* ein Referat halten = etwas zu einem Thema erzählen / etwas präsentieren

b) Lesen Sie den Informationstext. Was ist besonders an der Initiative „Plant for the planet"?
Kreuzen Sie an.

a) ☐ Die Gruppe gibt es schon seit über 40 Jahren.
b) ☐ Die Initiative ist von Kindern für Kinder gemacht.

Felix Finkbeiner hatte die Idee zu seiner Aktion, nachdem er von Wangari Maathai gehört hatte. Die 2011 verstorbene Kenianerin bekam 2004 den Friedensnobelpreis, denn sie hat sich ihr Leben lang für Demokratie, die Menschenrechte und auch für den Umweltschutz in Afrika engagiert. 1977 gründete sie die Umweltschutzbewegung „Grüner Gürtel", die 30 Millionen Bäume in Afrika pflanzte und die weltweit viele Unterstützer und Nachahmer gefunden hat – so auch die Kinder-Umweltschutz-Aktion „Plant for the Planet.", die mit dem Referat von Felix Finkbeiner ihren Anfang nahm.
www.plant-for-the-planet.org

4 Tipps mit *um ... zu*. Schreiben Sie Sätze wie im Beispiel.

Beispiel:
Ihr Brot nur sonntags toasten / Strom sparen.
➤ Toasten Sie Ihr Brot nur sonntags, um Strom zu sparen.

1. einen Baum im Garten pflanzen / mehr CO_2 binden
2. nur heizen, wenn zu Hause sein / weniger Öl verbrauchen
3. immer das Licht ausschalten, wenn ausgehen / Energie sparen
4. den Stromanbieter wechseln / keinen Atomstrom mehr nutzen

Klima und Umwelt

5 Nein? Warum dann? Sätze mit *um ... zu* und *nicht*. Kombinieren Sie wie im Beispiel.

Beispiel:
Wir / leben / nur – arbeiten ▶ Wir leben **nicht** nur, **um zu** arbeiten. Wir wollen (auch) Spaß haben.

1. Max / Fahrrad fahren / nur – sich wohl fühlen
2. Rita / ihre Zeitungen sammeln – die anderen informieren
3. Irina und Thomas / die Kerzen anzünden – Geld sparen
4. die Journalisten / über das Klima berichten – Panik machen
5. Elena und Matt / auf ein Auto verzichten – die Umwelt schützen
6. viele Deutsche / ihren Abfall trennen – Spaß haben
7. wir / auf den Balkon / den Biomüll / stellen – die Nachbarn ärgern

6 Was sind Umweltprobleme?
a) Akkusativ oder Dativ? Ergänzen Sie das Relativpronomen.

1. Menschen, _denen_ Trinkwasser fehlt.
2. Tiere und Pflanzen, _____ wir den Raum zum Leben nehmen.
3. Das Meer, _____ wir nicht schützen können.
4. Der Eisbär, _____ das Eis fehlt.
5. Der Abfall, _____ wir einfach in die Umwelt werfen.
6. Die Wälder, _____ wir täglich tausende Bäume wegnehmen.
7. Die Autos, _____ wir täglich fahren.
8. Die Erde, _____ wir zu wenig zurückgeben.

b) ... und jetzt mit Präposition! Schreiben Sie die Sätze um.

1. Menschen / es ist für sie schwer / an Wasser zu kommen
2. Tiere und Pflanzen / es gibt für sie keinen Lebensraum mehr
3. das Meer / es fließen Millionen Liter Öl hinein
4. die Eisberge / der Eisbär träumt von ihnen
5. der Abfall / wir gehen zu sorglos mit ihm um
6. die Wälder / es gibt von ihnen immer weniger
7. die Autos / wir wollen nicht auf sie verzichten
8. die Erde / wir hängen alle von ihr ab

1. Menschen, für die es schwer ist, an Wasser zu kommen.

7 Das intelligente Haus. Verbinden Sie die Sätze. Ergänzen Sie die richtige Präposition und das richtige Relativpronomen. Unten finden Sie Hilfe.

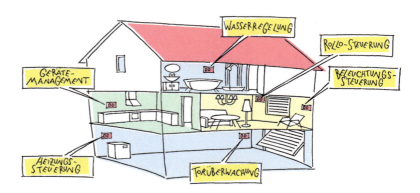

Das intelligente Haus weiß, wann der Strom am billigsten ist. Das Konzept folgt einer Idee, _für_____ ¹ sich auch die Stromanbieter begeistern können. Die Steckdosen und Schalter bekommen einen Minicomputer, _____ ² man alle Geräte im Haus steuern kann. Morgens geht man ins Bad und das Wasser hat pünktlich die richtige Temperatur. Der Bewohner duscht und in der Küche, _____ ³ das heiße Wasser parallel genutzt werden kann, ist die Kaffeemaschine schon für den Gebrauch vorbereitet. Wenn man abends zum Fernsehen ins Wohnzimmer geht, _____ ⁴ dann nur das gemütliche Abendlicht leuchtet, schalten sich die Geräte in den anderen Räumen automatisch aus. Aber die Waschmaschine im Keller geht an, denn nun läuft sie mit Strom, _____ ⁵ man nachts viel weniger bezahlt. Die Minicomputer, _____ ⁶ es so viele wie möglich gibt, sind verbunden und „reden" miteinander oder bekommen Signale aus dem Internet. So kann man den Strom, _____ ⁷ wir oft so leichtsinnig umgehen, viel effektiver nutzen. Diese Technik, _____ ⁸ jeder Haushalt bis zu 30 Prozent Strom sparen soll, kann man vielleicht schon bald kaufen. Aber vorher will man in ca. 600 Häusern diese Chips, _____ ⁹ das Haus intelligent werden soll, die neue Technik testen. Dann weiß man, ob die Idee gut ist oder ob sie den Bewohnern eher das Gefühl gibt, dass die Geräte plötzlich ihr eigenes Leben führen.

sich begeistern für ... (Akk.) • bezahlen für ... (Akk.) • etwas steuern mit ... (Dativ) • umgehen mit ... (Dativ)

8 Wie geht der Satz weiter? Lesen Sie die Texte auf Seite 41 im Kursbuch. Dann schreiben Sie Sätze wie im Beispiel.

ohne Präposition
1. die Gletscher auf der Zugspitze – schmelzen jedes Jahr etwas schneller – ...
2. Martin Nabert – fährt gerne Ski – ...
3. die Gletscherabdeckung – schützt den Schnee – ...
4. das Zugspitzplatt – ist ein beliebtes Skigebiet – ...

> 1. Die Gletscher auf der Zugspitze, die jedes Jahr etwas schneller schmelzen, bekommen einen Schutz aus Folien.

mit Präposition:
5. in den Winterferien – viele Touristen freuen sich auf sie – ...
6. einige Touristen – ein Reporter hat mit ihnen geredet – ...
7. aber der Klimaschutz – Umweltschützer engagieren sich für ihn – ...

Klima und Umwelt

Lesen

9 Vor dem Lesen. Was passt zusammen? Verbinden Sie.

1. der Rhein
2. die Industrialisierung
3. der Zweite Weltkrieg
4. die Katastrophe
5. giftig
6. die Qualität
7. der Lachs

a) etwas ist gefährlich, schlecht für die Gesundheit
b) ein großes Unglück
c) wenn sie hoch ist, ist etwas sehr gut
d) ein großer Krieg (1939–1945)
e) ein Fisch
f) längster Fluss in Deutschland
g) Zeit, in der viele Fabriken entstanden

Deutschlands längster Fluss, der Rhein, über den es so viele Lieder, Gedichte, Märchen und Geschichten gibt, hatte in den letzten beiden Jahrhunderten große Probleme. Denn mit der
5 Industrialisierung wurde die Wasserqualität immer schlechter. Nach dem Zweiten Weltkrieg konnte sich der Fluss etwas erholen, weil die Wirtschaft erst einmal stillstand. So gab es im Jahr 1951 42 verschiedene Fischarten im Fluss,
10 denn das Wasser war viel sauberer. In den 50er Jahren verbesserte sich die wirtschaftliche Lage in Deutschland. Das wichtigste Ziel in dieser Zeit war es, den Menschen im Land wieder Arbeit und Hoffnung auf eine bessere Zukunft
15 zu geben. An die Umwelt und ihren Schutz dachte man damals fast gar nicht. Man hat alle Abfälle einfach in den Rhein fließen lassen. 1969 kam es dann zur Katastrophe: Ein sehr giftiger Stoff sorgte dafür, dass über 40 Millio-
20 nen Fische starben.
In den 70er Jahren begann man, dies zu ändern. Neue Gesetze sorgten dafür, dass man die Abwässer aus den Fabriken erst reinigen musste, bevor sie in den Rhein flossen. In den 80er-
25 Jahren zeigten sich erste Erfolge: das Wasser war wieder sauberer und einige Fischarten kehrten in den Rhein zurück. 1986 mussten aber wieder viele Fische sterben, weil nach einem Feuer in einer Chemiefabrik giftiges
30 Wasser in den Fluss kam. Deshalb begannen die Länder, die am Rhein liegen, konsequent und systematisch zusammenzuarbeiten, um die Wasserqualität im Rhein für die Zukunft zu verbessern. Das hatte auch Erfolg. Schon in den
35 90er Jahren kamen Lachse in den Rhein zurück – Fische, die nur im sauberen Wasser leben können. Im Jahr 2000 konnte man 43 verschiedene Fischarten im Rhein zählen.
Das liegt vor allem auch an dem Engagement
40 von vielen Umweltschutzinitiativen, wie z. B. dem BUND*, die immer wieder auf die Probleme aufmerksam gemacht haben. Auch heute noch ist es wichtig, für einen sauberen Rhein zu kämpfen. Denn noch immer landen viele
45 Medikamente und z. B. das Kühlwasser von Atomkraftwerken im Rhein. Deshalb sollte man auch heute noch
50 keine Fische aus dem Rhein essen oder in dem Fluss baden, auch wenn es seit 1998 nicht mehr verboten ist.

* BUND: Bund für Umwelt- und Naturschutz in Deutschland

10 Wie ging es dem Rhein wann? Lesen Sie den Text und notieren Sie Stichpunkte.

19.–20. Jhd.: _viele Fabriken_
1951: _____
1969: _____
1980–1985: _____

1986: _____
1998: _____
2000: _____

28 achtundzwanzig

11 Lesen Sie noch einmal: richtig oder falsch oder nicht im Text? Kreuzen Sie an.

	richtig	falsch	nicht im Text
1. Am Rhein gibt es erst seit 1969 viele Fabriken.	☐	☐	☐
2. Nach dem Krieg waren viele Fabriken kaputt.	☐	☐	☐
3. Deshalb war das Wasser noch schmutziger als vorher.	☐	☐	☐
4. 1963 gab es die erste Demonstration für einen sauberen Rhein.	☐	☐	☐
5. Weil so viele tote Fische zum Himmel stanken, begann man, über neue Gesetze nachzudenken.	☐	☐	☐
6. Zum Beispiel darf kein ungereinigtes Wasser mehr aus den Fabriken in den Rhein fließen.	☐	☐	☐
7. Wenn sich eine Firma nicht daran hält, muss sie hohe Strafen zahlen.	☐	☐	☐
8. Mehrere Länder arbeiten seit Mitte der 80er-Jahre zusammen, um sich um den Rhein zu kümmern.	☐	☐	☐
9. Heute gibt es in dem Fluss wieder viele verschiedene Fische.	☐	☐	☐
10. Das Wasser ist wieder komplett sauber.	☐	☐	☐

Kommunikation

12 Was für ein Wetter! Beschreiben Sie die Fotos.

13 Ihre Meinung ist gefragt. Lesen Sie die Sätze aus Übung 3 und den Aufruf von Felix Finkbeiner. Äußern Sie Ihre Meinung schriftlich. Die Punkte unten helfen.

Felix erklärte im Fernsehen: „Wenn jeder Mensch in der Welt 150 Bäume pflanzt, haben wir bis 2020 eine Billion neue Bäume. Allein in den USA mit ihren 313 Millionen US-Bürgern wären es zum Beispiel 50 Milliarden Bäume. Pflanzen auch Sie Ihren Teil! Spenden Sie 20 Euro für 20 Bäume!"

☺ ☹

– Bäume binden CO_2
– das Klima braucht Wälder
– so kann jede/r etwas tun
– toll: weltweite Aktion
– Felix F. ist noch ein Kind, aber er begeistert viele Menschen für das Projekt

– 20 Euro – viel Geld
– Bäume allein retten das Klima nicht
– es gibt gar nicht so viel Platz
– die Industrie und Politik soll etwas tun
– Felix F. will nur berühmt werden

14 Antworten Sie schriftlich auf die Fragen.

1. Für was für ein Umweltschutzprojekt könnten Sie sich begeistern?
2. Einige „Klimahelden" sammeln die Abfälle aus den Supermärkten, weil sie nicht wollen, dass so viele Lebensmittel auf dem Müll landen. Wie ist Ihre Meinung dazu?
3. Fast jeder tut etwas, von dem er/sie weiß, dass es nicht gut ist für die Umwelt. Was würden Sie nur ungern ändern und warum?

Aktuell und kulturell

Wortschatz

1 Kulturelles. Ordnen Sie die Aussagen den Fotos zu. Zu welcher gibt es kein Foto?

1. „Die Aufführung war ein voller Erfolg. Besonders unsere Rike hat toll gespielt. Also, ich war begeistert!" ☐

2. „Danach hatten die Besucher noch eine halbe Stunde lang Gelegenheit, der Autorin Fragen zu ihrem Roman zu stellen." ☐

3. Siegerin in diesem Jahr ist die 15-jährige Schülerin Rebecca Mai. Sie interessierte sich schon als kleines Mädchen für Technik und hat ... ☐

4. Das Publikum nahm die neue Sendung nicht an. Nicht einmal eine Million Zuschauer wollten sie sehen. Deshalb ist es offen, ob sie ... ☐

5. „Eine Katastrophe! Es hat die ganze Zeit geregnet und manche Bands haben nicht einmal live gespielt." ☐

C

A

B

D

2 Ordnen Sie die Wörter den Kategorien zu und ergänzen Sie weitere. Manchmal gibt es mehrere Möglichkeiten.

aktuell • auftreten • die Automesse • die Band • der Erfolg • die Geräte • grillen • die Medaille • das Musical • die Panne • das Publikum • der Schlafsack • schwitzen • der/die Sieger/in • das Team • verlieren • die Wissenschaft • die Zahnbürste • das Zelt

Kultur	Sport	Technik	Camping

3 Der Kulturverein. Ordnen Sie die richtigen Satzteile zu und beenden Sie die Sätze.

> **Informationsblatt – Kulturklub Euskirchen e. V.**
> Sie interessieren sich …
> Sie suchen eine Gelegenheit, …
> Dann informieren Sie sich …
> Auf unserer Website berichten wir monatlich über alle …
> Alle Termine finden Sie …
> Haben Sie vielleicht auch interessante Vorschläge?
> Dann laden wir Sie herzlich zu unserem Treffen ein.
> Wir freuen uns immer … und bedanken uns herzlich …

– über unser kulturelles Angebot.
– öfters auszugehen?
– Ausstellungen und Aufführungen.
– über frische Ideen
– im aktuellen Programm.
– für Kultur und Kunst?
– für Ihr Interesse!

4 Frau Kraska hat dem Verein geschrieben. Lesen Sie die Antwort und kreuzen Sie je das richtige Wort an.

Sehr geehrte Frau Kraska,

wir bedanken uns ☐ dafür ☐ wofür, dass Sie Mitglied in unserem Verein werden möchten.

Bei dieser ☐ Gelegenheit ☐ diesem Augenblick möchten wir Sie gleich auf einen kulturellen Höhepunkt in diesem Monat ☐ hinweisen ☐ berichten: Für Sie als Mitglied gibt es noch Karten für die Premiere der Zauberflöte am 30. Juni!

Oder möchten Sie das Wochenende lieber zusammen mit netten Menschen in ☐ der Natur ☐ der Technik genießen? Seit neuestem organisieren wir auch ☐ Camping- ☐ campen-Ausflüge zu den schönsten Plätzen in Westfalen.

Alle ☐ kulturellen ☐ aktuellen Termine für Kultur und Sport finden auf unserer Website.

Mit freundlichen Grüßen
Peter Heinemann
Kulturklub Euskirchen e. V.

5 Die Buchmesse. Ein Veranstalter erzählt. Welches Wort passt? Ergänzen Sie.

Willkommen bei der Buchmesse in Köln
20.04.–27.04.2012

Literatur, Bildung, Fachbücher und Belletristik

mehrmals • sonst • völlig • wenigstens

Wir waren mit dem Ergebnis _____¹ zufrieden. Die Besucher haben insgesamt circa 8.000 Bücher gekauft. Unser Ziel, 10.000 verkaufte Exemplare, haben wir zwar nicht ganz erreicht, aber es waren _____² mehr als im letzten Jahr. Wir haben auch _____³ Besuch vom Fernsehen bekommen. Das ist besonders schön, denn _____⁴ war das Interesse eher gering.

Aktuell und kulturell

Grammatik

6 Zehn Fragen zum Wochenende. Die *Bunte Post* fragt, ein Schauspieler antwortet. Lesen Sie die Antworten und notieren Sie die Frage.

Bunte Post: 1. _Wovon träumen Sie?_
Schauspieler: Ich träume von einem großen Auftritt mit meiner Band.

Bunte Post: 2. _____
Schauspieler: Ich spreche am liebsten über mein Hobby – die Musik.

Bunte Post: 3. _____
Schauspieler: Ich interessiere mich auch sehr für Wissenschaft und Technik.

Bunte Post: 4. _____
Schauspieler: Ich denke oft daran, wie ich meine Ziele erreichen kann.

Bunte Post: 5. _____
Schauspieler: Nach einem Dreh freue ich mich am meisten auf meine Familie.

Bunte Post: 6. _____
Schauspieler: Bei meinen Eltern würde ich mich vor allem für ihre Unterstützung bedanken.

Bunte Post: 7. _____
Schauspieler: Am meisten ärgere ich mich über Ungerechtigkeit.

Bunte Post: 8. _____
Schauspieler: Mein Erfolg hängt vor allem vom Publikum und von meiner Arbeit ab.

Bunte Post: 9. _____
Schauspieler: Ich achte bei meiner Arbeit immer darauf, dass ich ruhig bleibe.

Bunte Post: 10. _____
Schauspieler: Ich kann mich immer wieder für ein neues spannendes Projekt begeistern.

7 Nachfragen. Ergänzen Sie das Pronominaladverb.

1. ◂ Habt ihr schon _darüber_ gesprochen, wie das Musical war?

   ▸ Wie bitte, _____?

   ◂ Über das Musical!

   ▸ Ach so, _____. Nein, haben wir nicht.

2. ◂ Haben Sie sich schon bei Frau Burkhard bedankt?

   ▸ Bedankt? _____?

   ◂ Zum Beispiel _____, dass sie schon mehrmals Überstunden gemacht hat.

   ▸ Warum soll ich mich bei ihr _____ bedanken? Sie bekommt das doch bezahlt.

   ◂ Unglaublich!

3. Maria hält nichts _____, einen Campingurlaub zu machen. Im Sommer freut sie sich mehr _____, in einem schönen Haus zu wohnen. Sie möchte nicht jeden Abend _____ denken, wie das Wetter am nächsten Tag wird.

8 Ein Gespräch über das Fernsehen. Nutzen Sie die Verben und schreiben Sie *dass*-Sätze wie im Beispiel.

sich unterhalten über • sich aufregen über • diskutieren über • streiten über • sich freuen über • sprechen über

- Das Fernsehen ist heute eine wichtige Freizeitbeschäftigung.
- Es gibt so selten interessante Sendungen.
- Es sollte weniger Kriegs- und Horrorfilme geben.
- Hat sich das Fernsehen in den letzten 20 Jahren verändert?
- Fernsehen könnte die Bildung besser unterstützen.
- Es gibt immer mehr verschiedene Sender mit besseren Programmen.

Wir haben uns darüber unterhalten, dass das Fernsehen heute eine wichtige Freizeitbeschäftigung ist.

9 Ein Ausflug mit dem Verein. Lesen Sie den Text und entscheiden Sie, welches Wort (a, b oder c) in die Lücken (1–6) passt. Kreuzen Sie an.

Sehr geehrte Mitglieder,

auch __1__ Jahr machen wir wieder zu Ostern einen Ausflug in __2__ Natur. Es geht an die Müritz, das ist ein wunderschöner See in Mecklenburg-Vorpommern. Bitte nehmen Sie Ihre __3__ und Schlafsäcke mit. Zum __4__ ist es wahrscheinlich noch zu kalt, aber wir freuen __5__, Sie zu einem __6__ Abend am Lagerfeuer mit Live-Musik einladen zu können. Bitte teilen Sie uns bis __7__ 28. 02. mit, __8__ und mit wie vielen Personen Sie teilnehmen möchten.

__9__ herzlichen Grüßen, Thomas und Rebecca Biesemann

1. a) diesem b) dieses c) dieser
2. a) die b) dem c) das
3. a) Zelt b) zelten c) Zelte
4. a) baden b) Baden c) Bad
5. a) sie b) euch c) uns
6. a) romantisch b) romantischer c) romantischen
7. a) zum b) zur c) zu
8. a) weil b) da c) ob
9. a) mit b) von c) viele

Aktuell und kulturell

Lesen

10 Lesen die Situationen 1–5 und die Anzeigen A–I. Finden Sie für jede Situation die passende Anzeige. Für eine Aufgabe gibt es keine Lösung. Markieren Sie hier ein X.

1. ☐ Sie planen ein Camping-Wochenende und brauchen ein neues Zelt für zwei Personen.
2. ☐ Ihre Tochter heiratet und Sie interessieren sich für Hochzeitskleider und Accessoires.
3. ☐ Sie lieben Flamenco und möchten diesen Tanz selbst lernen.
4. ☐ Ihr Auto ist schon älter und Sie möchten lernen, kleine Reparaturen selbst zu machen.
5. ☐ Sie spielen gern Fußball und suchen ein Team, das jedes Wochenende spielt.

Campingplatz Am See
Urlaub für die ganze Familie –
Stellplätze ab 12 €
Moderne Sanitäranlagen,
Restaurant, Sportprogramm.

A

Flamenco
entdecken Sie Ihr spanisches Temperament und lernen Sie die ersten Schritte – allein oder mit Partner, jeden Samstag 16 Uhr für 50 €/Monat

B

Hochzeitsmesse
Hannover – jede Menge Tipps, Hochzeitsmode, 100 Aussteller und toller Service!

C

Spanientouren mit Jutours
Flamenco in Andalusien erleben, spanische Küche genießen und sich am Strand erholen! Günstige Busreisen.

F

Outdoorcenter Trecking
Aktionswoche CAMPING
Zelte in allen Größen, Schlafsäcke, u.v.m. zu Sonderpreisen
Königsalle 33

D

Auto Meyer – Tradition, Qualität und Sicherheit
Reparaturen, schnell und zuverlässig, alle Autotypen. TÜV und ASU.
Bismarckstr. 13, Tel: 664 54 36

E

Fußballverein „Junge Löwen" sucht einen Trainer mit Erfahrung.
Bitte schriftlich bewerben: info@jul-de.

G

 Märchenhaft heiraten: Wir organisieren und Sie genießen den schönsten Tag in Ihrem Leben.
info@traum-hochzeit.de

H

Wir brauchen Verstärkung! Hobbyfußballer „Flotter Ball" – Wir spielen jeden Samstag 16 Uhr im Schlosspark. Komm einfach vorbei!

I

11 Wie finden Sie diese Sprüche? Wählen Sie mehrere Adjektive aus und begründen Sie Ihre Auswahl.

„Ist das Kunst oder kann das weg?"   „Nur schlechte Nachrichten sind gute Nachrichten."

langweilig • spannend • lustig • interessant • richtig • falsch • aktuell • böse

Kommunikation

12 Beantworten Sie die Fragen aus Aufgabe 6.

Ich träume von ...

13 Sie bekommen Besuch und möchten Ihrer Freundin Vorschläge für das Wochenende machen.
a) Lesen Sie das Programm und machen Sie sich Notizen für ein Telefongespräch.

Sie (Fragen und Vorschläge)
– Interessierst du dich für ...?
– Hättest du Lust, am ...
– Wir könnten ...
– Was hältst du von ...?

Ihre Freundin (Antworten und Vorschläge)
– Ja./Nein, ich mag lieber ...
– Gibt es auch ...
– Wir könnten doch ... – Ja super Das machen wir!

b) Sie rufen an. Schreiben Sie den Dialog.

14 Einen Ich-Text schreiben. Schreiben Sie einen Text zu diesen Punkten:

Ihr Medienkonsum (Fernsehen, Zeitung ...) • Ihre Hobbys und kulturelle Interessen

15 Antworten Sie auf den Brief. Nutzen Sie die Punkte unten.

Liebe Mama und Papa,

ich würde euch gern etwas Schönes erzählen, aber leider ist unser Campingurlaub eine Katastrophe. Zuerst haben wir keinen Platz auf dem Campingplatz am See bekommen, weil wir nicht reserviert hatten. Alles war schon voll! Jetzt sind wir auf einem Campingplatz im Wald – hier ist es viel zu dunkel! Und es regnet schon seit drei Tagen. Es ist kalt und wir sitzen fast die ganze Zeit im Zelt. Ich freue mich schon darauf, in einer Woche nach Hause zu kommen und bei euch gemütlich vor dem Kamin zu sitzen.

Liebe Grüße, Euer Mäuschen

– Sie freuen sich über den Brief.
– Sie haben sich schon Sorgen gemacht.
– Sie schlagen vor, den Urlaub früher zu beenden.

Gut essen

Wortschatz

1 Was passt am besten? Ordnen Sie die Wörter/Wortgruppen zu: a, b, c oder d?

einen Toast mit Honig, bitte • einen Eisbecher mit Früchten • Gemüse klein schneiden • das Futter verteilen • ein Getränk auswählen • das Labor • in Margarine anbraten • eklig • den Nachtisch • die Rinder im Stall • einen gemischten Salat • das Schaf • eine milde Soße • die Speisekarte • das Steak braten • eine scharfe Suppe • die Verpackung • eine Vorspeise • die Ziege schlachten • auf der Zunge brennen

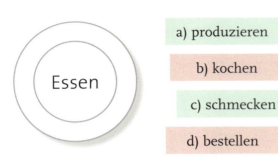

2 Sagen Sie es anders. Nutzen Sie dafür diese Verben.

ablehnen • sich anfühlen • brennen • herstellen • kleben • starten • vertragen

1. Der Käse wurde in der Schweiz hergestellt. = Der Käse wurde in der Schweiz _produziert_.
2. Wenn ich Milch trinke, wird mir schlecht. = Ich _____ keine Milch.
3. Gestern hat es ein Feuer im Dorf gegeben. = Im Dorf hat es gestern _____.
4. Hat die Aktion schon begonnen? = Wurde die Aktion schon _____?
5. Ich bin gegen künstliche Aromastoffe. = Ich _____ künstliche Aromastoffe _____.
6. Das Papier hängt noch am Fleisch. = Das Papier _____ noch am Fleisch.
7. Das ist irgendwie eklig. = Das _____ sich eklig _____.

3 Welches Adjektiv ist gemeint?

fett • künstlich • recht • reif • scharf

1. Die Tomaten im Salat sind noch grün, sie sind noch nicht _____.
2. Oh, die Soße ist aber _____, mir brennt der ganze Mund!
3. Das Fleisch ist so _____, das vertrage ich nicht.
4. Das ist keine echte Vanille, sie ist _____.
5. Wir bestellen eine Flasche Rotwein für alle, ist euch das _____?

Grammatik

4 Essen und Reisen. Passiv: Ja oder nein? Kreuzen Sie an und unterstreichen Sie die Passiv-Formen.

Tipp
Passiv: werden + Partizip II

	ja	nein
1. Fernreisen <u>werden</u> häufig und gern <u>gebucht</u>.	X	
2. Denn der Urlaub soll zu einem Erlebnis werden.		
3. So probiert der Tourist aus Europa in Thailand schon einmal eine gegrillte Heuschrecke.		
4. Doch wird so eine Spezialität in Europa angeboten, sind die Reaktionen eher negativ.		
5. Aber die Landwirtschaftsministerin in Den Haag, Gerda Veerburg, empfiehlt: „Auch die Holländer sollten Insekten essen!"		
6. Die Wissenschaft stimmt ihr zu, denn es wird viel zu viel Fleisch produziert.		
7. Die Insekten könnten eine sinnvolle Alternative sein.		
8. Damit sich die Holländer nicht ekeln, werden sie aber in „Bitterballen" versteckt.		
9. Diese werden gern als Vorspeise oder Snack gegessen.		

5 Joghurt selbst machen! Sehen Sie die Bilder an und beschreiben Sie den Herstellungsprozess. Benutzen Sie das Passiv im Präsens.

2 l Milch auf 42 Grad erhitzen*   2 El Joghurt in die warme Milch geben   die Milch in Gläser gießen

die Gläser in die Sonne stellen   die Gläser mit einem Tuch abdecken   nach 4 Std. prüfen, ob der Joghurt schon dick ist

* erhitzen = warm machen

6 Im Kurs haben Sie Ihr Lieblingsgericht vorgestellt. Wie wird es gemacht? Beschreiben Sie die Arbeitsschritte in einem Text mit Passivsätzen.

Dieses Gericht heißt … Es wird vor allem zu … gegessen. Und so wird es gemacht: Zuerst werden/wird …

Gut essen

7 Wein aus Deutschland. Lesen Sie den Text und ergänzen Sie die Passiv-Formen im Präteritum.

Die Mosel-Region ist Deutschlands ältestes Weinanbaugebiet

1. Die Region _wurde_ nach dem Fluss _____ (benennen), der von der luxemburgischen Grenze bis nach Trier führt, wo die Mosel in den Rhein fließt.
2. Schon vor 2000 Jahren _____ in der Moselregion Wein _____ (anbauen).
3. Es _____ Gegenstände aus der Römerzeit _____ (finden), die das beweisen.
4. An der Mosel _____ vor allem der Riesling _____ (entwickeln), eine weltweit bekannte und beliebte Weinsorte.
5. Über die Moselweine _____ schon immer _____ (sagen), dass sie besonders leicht und spritzig wären.
6. Der Wein und seine Winzer _____ auch von dem bekannten Weinautor G. Eichelmann besonders _____ (loben): Er meint, dass aus der Moselgegend die meisten exzellenten Weinsorten der ganzen Welt kommen.

8 Küche früher und heute.
Beschreiben Sie die Unterschiede wie im Beispiel.

Beispiel:
viel – mit Butter – braten ➤ Früher *wurde* viel mit Butter *gebraten*.
eher Pflanzenöl – nehmen ➤ Heute *wird* eher Pflanzenöl *genommen*.

> *Tipp*
> Das Wort „Küche" kann den Raum, aber auch Essen meinen: Hier gibt es eine gute Küche.

Früher
1. nur einmal pro Woche – Fleisch – essen.
2. gern mit fettem Fleisch – kochen
3. Zucker war teuer / sparsam einsetzen
4. schwer arbeiten / viel essen
5. fast alles selbst machen
6. nur wenig Chemie im Essen einsetzen

Heute
1. fast täglich – Fleisch essen
2. auf fettarme Ernährung achten
3. viele Produkte mit viel Zucker produzieren
4. oft die Kalorien zählen
5. viele Fertiggerichte kaufen
6. viele Lebensmittel mit künstlichen Zusatzstoffen herstellen

9 Gesund essen – na ja. Andrea erzählt.

a) Verbinden Sie ihre Aussagen und schreiben Sie Sätze mit *obwohl*.

1. Ich esse fast jeden Tag Fleisch.
2. Ich esse abends gern etwas Süßes.
3. Ich bin oft zu faul, um mir einen Salat zu machen.
4. Ich kaufe manchmal ein Fertiggericht.
5. Ich trinke abends gern ein Bier – oder zwei.
6. Ich kaufe gern Obst aus fernen Ländern.

a) Ich möchte mit natürlichen Zutaten kochen.
b) Alkohol ist ungesund.
c) Ich bin etwas zu dick.
d) Ich liebe Tiere.
e) Er ist gesund und lecker.
f) Ich möchte umweltbewusst leben.

Ich esse fast jeden Tag Fleisch, obwohl ich Tiere liebe.

b) Und Sie? Schreiben Sie drei *obwohl*-Sätze über Ihre Essgewohnheiten.

10 Macht Essen wirklich glücklich? Ergänzen Sie den Text.

damit • dass • dass • deshalb • denn • wenn • ob • weil

Die Wissenschaft wollte die Frage, _____¹ das Essen den Menschen glücklich machen kann, lange Zeit nicht diskutieren. Aber in den letzten Jahren haben sich die Forscher mehr mit diesem Thema beschäftigt, _____² die Ernährung eine sehr große Rolle in unserem Leben spielt. Im Buddhismus zum Beispiel ist das Essen heilig, _____³ der Mensch soll durch das Essen Ruhe und inneren Frieden finden. _____⁴ man ein Essen genießen kann, müssen die Zutaten und die Zubereitung bekannt sein, oder man muss offen für Neues sein. Heute wissen die Wissenschaftler genau, _____⁵ es eine Verbindung zwischen dem Gehirn und dem Bauch gibt. _____⁶ ist es wichtig, _____⁷ wir mit einem Lebensmittel etwas Angenehmes und Nettes verbinden. So kann es uns zum Beispiel glücklich machen, _____⁸ wir etwas essen, das wir schon als Kind gern oder an einem besonders schönen Tag gegessen haben.

Lesen

11 Wofür macht das Plakat Werbung? Was glauben Sie?
Sammeln Sie Informationen. Welche fehlen?
– was?
– wo?
– wann?

Gut essen

12 Internationale Grüne Woche. Sehen Sie die Fotos an und lesen Sie den Text schnell. Markieren Sie die Textstellen, die zu den Fotos passen.

Ein Besuch lohnt sich!

In den Messehallen unter dem Berliner Funkturm findet die weltgrößte Messe für Ernährung, Landwirtschaft und Gartenbau statt. Über 1600 Aussteller stellten im Jahr 2012 ihre Produkte in 26 Hallen vor. Jedes Jahr zieht die Messe hunderttausende Besucher
5 an. 2012 waren es 420 000. Das Publikum ist bunt gemischt: Jung und Alt, Profis, aber auch „Otto Normalverbraucher". Für diesen kostet eine Tageskarte 12 Euro, für Schüler und Studenten gibt es Ermäßigungen. Aber es passiert schnell, dass man viel mehr Geld ausgibt, denn an den Ständen gibt es viele interessante Gerichte,
10 die man am liebsten alle probieren möchte. Damit der Gang durch die Hallen auch wirklich Spaß macht, ist vor allem eines wichtig: bequeme Schuhe! Denn die kulinarische Reise durch alle Bundesländer Deutschlands und durch viele Länder aus der ganzen Welt kann ganz schön anstrengend werden. Ob man seinen
15 Weg plant oder einfach spontan losläuft– am Ende hat man einige Kalorien wieder abtrainiert. Aber die Grüne Woche bietet weitaus mehr als nur Essen und Trinken. Besonders die Familien mit Kindern freuen sich auf Halle 25, denn hier sieht man Tiere: Kaninchen, Pferde, Schweine, Hühner, Schafe, Kühe und sogar Bienen. Das ist ein bisschen wie im Zoo, aber hier kann man gleich
20 auch Schafswolle für einen schönen Pullover, frische Milch oder süßen Honig kaufen. Die Besucher können sich im Detail darüber informieren, wie das, was sie täglich essen und trinken, tatsächlich entsteht, und welche Unterschiede es in der Qualität gibt. Weinliebhaber kommen auf der Grünen Woche ebenfalls auf ihre Kosten, und auch hier gilt die Devise: „Probieren geht über studieren".

13 Lesen Sie den Text noch einmal und kreuzen Sie die richtige Lösung (a, b oder c) an.

1. Die Grüne Woche ist in
a) ☐ Köln.
b) ☐ Bern.
c) ☐ Berlin.

2. 2012 gab es mehr als … Besucher.
a) ☐ 1600
b) ☐ 100 000
c) ☐ 400 000

3. Es kommen
a) ☐ nur Familien.
b) ☐ alle, die Lust haben.
c) ☐ nur Fachbesucher.

4. Das Essen an den Ständen
a) ☐ ist gratis.
b) ☐ kann man sich nur ansehen.
c) ☐ muss man extra bezahlen.

5. Auf der Messe sind
a) ☐ lebende Tiere verboten.
b) ☐ Tiere eine besondere Attraktion.
c) ☐ wilde Tiere zu sehen.

6. Was kann man auf der Messe nicht tun?
a) ☐ sich über Sportprogramme informieren
b) ☐ verschiedene Gerichte probieren
c) ☐ sich über Lebensmittel informieren

Kommunikation

14 Und Sie?
a) Wählen Sie aus und antworten Sie schriftlich auf die Fragen.

Sie waren schon einmal auf einer Lebensmittelmesse:
Was hat Ihnen besonders / gar nicht gefallen?
Würden Sie gern noch einmal dort hingehen? Warum (nicht)?

Sie waren noch nie auf einer Lebensmittelmesse:
Würden Sie gern einmal zur Grünen Woche gehen? Warum (nicht)?
Was würde Sie dort besonders (gar nicht) interessieren?

b) Zeichnen Sie ein Plakat für die Grüne Woche. Denken Sie sich auch einen guten Spruch aus.

15 Schreiben Sie einen kurzen Text (etwa 10 Sätze) über Ihre Ernährung.

– Wie ernähren Sie sich?
– Warum ernähren Sie sich so?
– Finden Sie die Richtung Ihrer Ernährung richtig?
– Was möchten Sie gern ändern und warum? Oder warum würden Sie nichts ändern?
– Was halten Sie von Diäten?
– Wie ist Ihre Meinung zu vegetarischer und veganer Ernährung?

16 Die Küche in Ihrem Heimatland. Hat sie sich in den letzten Jahren verändert?
Schreiben Sie Sätze ähnlich wie in Aufgabe 8.

17 Im Restaurant. Das Essen schmeckt nicht. Schreiben Sie einen Dialog.

Gast: das Essen – leider zu fett
Kellnerin: leidtun, zu viel Soße? ein anderes Gericht?
Gast: noch einmal Speisekarte – oder etwas ohne Fleisch empfehlen können?
Kellnerin: eine Ratatouille – Spezialität aus Frankreich – Gemüsegericht – sehr gut
Gast: ☺

18 Jemanden einladen: Schreiben Sie eine Einladung zum Essen. Nutzen Sie die Punkte.

– sich für die Hilfe bei der Prüfungsvorbereitung bedanken
– etwas Schönes kochen wollen / was – besonders mögen?
– wann – kommen können?
– welche Getränke – am liebsten?
– Nachtisch – eine Überraschung aus der Heimat
– nichts mitbringen

Dienstleistungen

Wortschatz

1 Kleine Wörter – viel Gefühl. Ergänzen Sie *ach so, aua, igitt, tja, verdammt*.

1. _____, der Bus ist schon weg! Jetzt komme ich zu spät.

2. _____, das ist dein Bruder. Ich dachte, das wäre dein Mann.

3. _____, dann können Sie mir wohl nicht weiterhelfen, schade.

4. _____! Pass doch auf! Das tat weh.

5. _____, das stinkt! Wie viele Tage liegt das schon hier?

2 Der Gutschein ist weg! Schreiben Sie Vergangenheitssätze wie im Beispiel.

Beispiel:
weil / ihr Zug / Verspätung haben – Karin / einen Gutschein / von / die Deutsche Bahn / bekommen
➡ Weil ihr Zug Verspätung hatte, hat Karin einen Gutschein von der DB bekommen.

1. sie / den Umschlag / auf den Tisch legen – als / nach Hause kommen
2. Thomas / vor / das Essen / Tisch abräumen – und dann / der Gutschein / verschwunden sein
3. sie / eine Stunde lang / suchen – aber ihn / nicht finden können
4. Karin / sehr verärgert / sein – weil / sie jetzt / den vollen Preis bezahlen / für das Ticket / müssen
5. am Abend / Karin / den Gutschein / beim Fegen finden – aber es / zu spät sein / denn / Ticket schon bezahlt sein

3 Dienstleistungen anbieten. Ergänzen Sie den Text.

Briefkästen • Dienstleistung • faxen • lassen • Schlange • selbst • zu dritt

Robert und Svetlana haben eine Putzfirma gegründet. Aber wie sollen sie die Kunden über die neue _____¹ in der Stadt informieren? Sie _____² sich von einem Werbespezialisten beraten und diskutieren _____³. Er sagt: „Ihr könnt sehr viel _____⁴ machen: Eure eigene Homepage entwickeln, Prospekte drucken und sie an die _____⁵ in eurem Viertel verteilen oder Angebote an Firmen _____⁶. Dann stehen die Kunden bei euch bald _____⁷. Wir schaffen es!"

4 Der erste Auftrag: Putzen in einem Restaurant. Was machen Svetlana und Robert?

1. Svetlana _____   2. _____

3. _____   4. _____

5 Nomen und Verben.
a) Was passt zusammen? Verbinden Sie.

1. eine Dienstleistung   a) auflegen
2. sich an den Schalter   b) abschließen
3. einen Antrag   c) anbieten
4. die Beschwerde   d) ausfüllen
5. nach dem Gespräch   e) melden
6. einen Schaden   f) anstellen
7. das Geschäft   g) weiterleiten

b) Schreiben Sie mit den Verbindungen Sätze.

Grammatik

6 Alles fertig – Passiv mit *sein*. Ordnen Sie die Verben zu und schreiben Sie die Liste weiter.

Liebe Frau Dr. Grimm-Vogel,
ich habe heute vier Stunden in Ihrer Wohnung gearbeitet
und Folgendes ist schon gemacht:
• die Wäsche ist gewaschen

– der Kleiderschrank ...
– die Betten ...
– das Geschirr in der Küche ...
– die Katzen ...
– die Blumen ...
– die Hemden ...
– der Boden ...
– das Küchenfenster ...
– das Essen ...
– der Tisch ...

aufräumen   fegen   abwaschen   decken   bügeln   machen   füttern   kochen   putzen   gießen

Dienstleistungen

7 Selbst gemacht – Geld gespart. Schreiben Sie Sätze wie im Beispiel.

Beispiel: ich – die Gardinen nicht aufhängen – sie lieber selbst aufhängen
➤ Ich **lasse** die Gardinen nicht aufhängen, ich hänge sie lieber selbst auf.

1. ich – meine Hemden nicht bügeln – sie lieber selbst bügeln
2. du – die Fenster putzen nicht – sie lieber selbst putzen
3. er – sich die Haare nicht schneiden – sie sich lieber selbst schneiden
4. sie (Sg.) – sich kein Make-up für die Party machen – sich lieber selbst schminken
5. wir – sich keine Kleider nähen – sie lieber selbst nähen
6. ihre Hochzeitsreise nicht organisieren – sie lieber selbst planen

8 Vor dem Urlaub: die Checkliste
a) Haben wir auch nichts vergessen?
Schreiben Sie Fragen wie im Beispiel.

Sind alle Koffer gepackt?

0. alle Koffer packen

1. die Brote machen

2. das Auto voll tanken

3. Steckdosen ausschalten

4. das Wasser abstellen

5. den Müll rausbringen

6. alle Fenster schließen

b) Schreiben Sie mit den Beispielen aus a) Sätze mit *bevor*.

Bevor wir losfahren, müssen wir die Koffer packen.

die Reise beginnen /
wir das Haus verlassen /
wir verreisen

9 Gar nicht so einfach: sich am Telefon beschweren.
Was passiert zuerst, was danach?
Verbinden Sie die Sätze mit *bevor*.

1. Bevor man mit einem Menschen reden kann, muss man einem Computer zuhören.

	zuerst	danach
1.	einem Computer zuhören (müssen)	mit einem Menschen reden (können)
2.	viele Nummern eintippen (müssen)	es weitergehen
3.	fünf Minuten Musik hören	verbunden werden
4. man	seine Kundenummer sagen (müssen)	sein Problem beschreiben (können)
5.	mit einem anderen Mitarbeiter verbunden werden	das Problem lösen
6.	wieder Musik hören ...	mit einem anderen Mitarbeiter verbunden sein

Lesen

10 Lesen Sie den Text und die Zusammenfassungen. Welche ist richtig: A oder B?

Medienkompetenz im Unterricht trainieren

Unsere Lebens- und Arbeitswelt hat sich in den letzten Jahrzehnten sehr verändert. Die modernen Informations- und Kommunikationsmittel sind immer dabei. Das hat Folgen für die beruflichen Anforderungen und Qualifikationen in der Dienstleistungsbranche.

Bereits jeder fünfte Erwerbstätige mit betrieblicher Ausbildung arbeitet laut dem Bundesinstitut für Berufsbildung (BIBB) im Dienstleistungssektor. Dort ist ein Arbeiten ohne moderne Kommunikationsmittel wie Computer, E-Mail, Internet und mobilen Technologien (Handytelefonie, WLAN, UMTS etc.) nicht mehr denkbar. Das macht Veränderungen in der Aus- und Weiterbildung nötig. Die Jugendlichen müssen sich in drei Kompetenzbereichen qualifizieren:

– Medienkompetenz (Medien effizient nutzen und kritisch bewerten)
– Informationskompetenz (Informationen suchen und bewerten)
– Kommunikationskompetenz (mit Kunden direkt und über Medien kommunizieren)

Denn: Statistiken zeigen, dass fast alle Jugendlichen die modernen Medien privat nutzen. Aber heißt das auch, dass die Jugendlichen wirklich medienkompetent sind?

A Heute muss man in fast allen Berufen wissen, wie man den Computer, das Internet und ein Smartphone nutzt. Deshalb sollen die Jugendlichen auch in Medienkompetenz unterrichtet werden, obwohl sie privat schon viele Medien nutzen.

B In vielen Dienstleistungsberufen nutzt man heute einen Computer. Internet und Handy sind aber verboten. Deshalb kann es ein Problem sein, dass so viele Jugendliche privat oft im Internet surfen und fast immer ihr Handy dabei haben.

11 Beschreiben Sie die Statistik. Über 1200 Jugendliche zwischen 12 und 19 Jahren wurden 2011 gefragt:

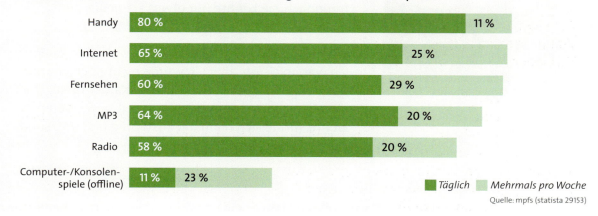

Welche dieser Geräte und Medien nutzt du täglich oder mehrmals pro Woche?

Medium	Täglich	Mehrmals pro Woche
Handy	80 %	11 %
Internet	65 %	25 %
Fernsehen	60 %	29 %
MP3	64 %	20 %
Radio	58 %	20 %
Computer-/Konsolenspiele (offline)	11 %	23 %

Quelle: mpfs (statista 29153)

Die Statistik zeigt, wie viele Jugendliche … / 83 Prozent nutzen ihr Handy täglich. / xx Prozent nutzen es mehrmals in der Woche. Das heißt, dass fast alle … / Das Fernsehen wird von …

Dienstleistungen

12 Lesen Sie die Anzeige und kreuzen Sie die richtige Antwort an.

1. Holz & Hammer ist eine
   a) ☐ Firma mit langer Tradition.
   b) ☐ neue Firma.

2. Holz & Hammer
   a) ☐ stellt die Möbel selbst her.
   b) ☐ lässt die Möbel industriell herstellen.

3. Holz & Hammer möchte,
   a) ☐ dass alle Kunden die gleichen Standardmöbel haben.
   b) ☐ dass jeder Kunde seine eigene, spezielle Lösung bekommt.

4. Man bekommt ein Angebot
   a) ☐ nach 7–8 Tagen.
   b) ☐ nach 14 Tagen.

5. Man kann
   a) ☐ nur online bestellen.
   b) ☐ zu einem persönlichen Termin kommen.

Holz & Hammer: Ihre Lösung für jedes Platzproblem

Wir sind ein junges Unternehmen mit einer modernen Werkstatt. Wir bauen Möbel ganz nach Ihren individuellen Wünschen. Unsere Devise ist: „Mehr Platz zum Wohnen!". Sie haben ganz bestimmte Vorstellungen von Ihrem Wohnzimmer, Ihrer Küche oder vielleicht dem Kinderzimmer, aber die fertigen Möbel aus dem Möbelhaus passen nicht dazu? Ihre Ideen – unsere Dienstleistung. Teilen Sie uns Ihre Wünsche online oder in einem persönlichen Erstberatungstermin mit – wir planen, rechnen und schicken Ihnen nach einer Woche ein Angebot. Unser Team von 30 Mitarbeitern kümmert sich gern darum, Ihre persönlichen Vorstellungen Wirklichkeit werden zu lassen. Denn bei uns ist der Kunde noch König. Wir arbeiten professionell, genau und termingerecht.

13 Das Bewertungsportal. Lesen Sie die Bewertungen für das Eiscafé.
a) Welche Bewertung ist positiv (+) und welche negativ (–)?

ALEX, 17.08.2012 – 18:55
Ich kann *Gelati* nur empfehlen! Es gibt sehr viele verschiedene Eissorten, die mit viel Fantasie und Liebe hergestellt werden. Besonders meine Lieblingssorte „Amarenakirsche" ist köstlich. Die Bedienung ist freundlich, sie könnte nur etwas schneller sein. ☐

SVENJA, 12.08.2012 – 10:33
Ich war im *Gelati*, aber ich würde nicht noch einmal dort hingehen. Der Service ist eine Katastrophe! Und als ich mich über die lange Wartezeit beschweren wollte, fühlte sich niemand zuständig und unfreundlich waren sie auch. ☐

b) Unterstreichen Sie: Welche Wörter zeigen, dass es eine positive oder negative Bewertung ist?

Kommunikation

14 Sie wollen einen Schrank für Ihren Flur bestellen. Schreiben Sie eine E-Mail an das Möbelunternehmen Holz & Hammer aus Übung 12. Nutzen Sie die Punkte.

- Schrank für Schuhe und Taschen
- der Flur – sehr eng und schmal, aber hoch
- Maße: 170 cm × 250 cm × 25 cm
- welches Holz / empfehlen? / hell – vielleicht Beratungstermin?
- bis wann kann er geliefert werden?

15 Sie haben den Schrank bekommen und bewerten „Holz & Hammer" im Internet. Wählen Sie eine Situation aus und schreiben Sie einen Eintrag.

Sie sind zufrieden:
- toller Service, gründliche Beratung
- der Schrank passt genau
- sehr schönes Holz, trotzdem günstig
- pünktlich geliefert

Sie sind unzufrieden:
- H & H hat zu wenig gefragt
- nicht alle Schuhe passen in den Schrank
- Holz schön, aber sehr teuer
- Termin nicht eingehalten (1 Woche zu spät)

Ich habe einen Schrank bei „Holz & Hammer" machen lassen. Ich kann …

16 Sich beschweren. Sie warten auf Ihren Schrank. Er sollte gestern geliefert werden, aber er ist noch nicht da. Sie rufen bei H & H an. Schreiben Sie den Dialog in Ihr Heft und ergänzen Sie ihn.

H & H: Holz und Hammer. Maier. Guten Tag.

Sie: Guten Tag, mein Name ist … Ich habe bei Ihnen einen Schrank … und Sie wollten ihn …, aber er ist nicht gekommen. Was ist …?

H & H: Es tut mir leid. Das Holz ist nicht pünktlich geliefert worden. Deshalb wird der Schrank erst am nächsten Montag fertig.

Sie: Warum …? Ich habe gestern den ganzen …!

H & H: Aber mein Kollege hat Sie doch angerufen?

Sie: Nein, hier hat …

H & H: Sind Sie sicher?

Sie: Natürlich. Ich habe auch keine … auf meiner Mobilbox. Wer … mir die Zeit, die ich umsonst gewartet habe und nicht arbeiten konnte?

H & H: Wenn der Schrank fertig ist, können wir ja noch einmal über den Preis sprechen. Was meinen Sie?

Sie: Okay, aber ich hoffe sehr, dass er … Ich brauche den Schrank, denn wir bekommen Besuch.

H & H: Natürlich, wir liefern am Montag.

Leben in D A CH 2

Drei Hauptstädte – dreimal gut essen

1 Lesen Sie die Überschriften der drei Texte. Ordnen Sie die Fotos den Städten zu. Welches Foto passt zu keiner Stadt?

Berlin: ☐ ☐
Zürich: ☐ ☐
Wien: ☐ ☐

Dunkelrestaurant in Berlin

Das Sehen ist wahrscheinlich unser wichtigster Sinn. An einem Tag müssen wir tausende visuelle Eindrücke analysieren und verarbeiten. Im Dunkelrestaurant in Berlin Mitte hat das Auge endlich einmal Pause.

Der Ablauf

Sie werden im Dunklen nicht allein gelassen. Zunächst begrüßen wir Sie im sanft beleuchteten Foyer. Dort können Sie ganz entspannt bei einem Getränk Ihr Menü auswählen. Dann führt Sie ein (blinder) Kellner in das absolut dunkle Restaurant. Bitte bewegen Sie sich dort nicht allein. Wenn Sie Ihren Platz verlassen möchten, um zur Toilette zu gehen oder um zu rauchen, sagen Sie einem Kellner Bescheid – er oder sie führt Sie sicher hinaus. Im Restaurant sind alle Lichtquellen (Feuerzeuge, Handydisplay etc.) verboten. Das Personal hilft Ihnen bei der Orientierung. Nach dem System einer Uhr erklärt es Ihnen, wo was auf Ihrem Teller liegt.

Schon nach kurzer Zeit stellt sich Ihr Körper um. Nur zu schmecken, zu fühlen und zu hören ist ein besonderes Erlebnis. Genießen Sie es!

Bringen Sie Zeit mit, mindestens zwei Stunden, damit Sie sich in Ruhe an die neue Situation gewöhnen können. Kinder sind ab acht Jahren willkommen (und dürfen natürlich mit den Fingern essen). Wir bitten um Reservierung unter ...

Alles in Butter – Beim Zürcher Geschnetzelten mit Rösti zeigt sich der Schweizer Sinn für Harmonie

In der Küche herrscht Stress: Es zischt in der Röstipfanne, die Kartoffelküchlein sind in Gefahr: Sie drohen, unten schwarz zu werden, noch bevor der Rest auch nur heiß wird. Der Chefkoch rettet die Situation mit viel Butter: „Schweizer Küche muss schwer sein", sagt er und verteilt Butterflocken auf die Rösti.
In dem Restaurant „Kaisers Reblaube" in der Zürcher Innenstadt steht das Schweizer Stammgericht immer auf der Karte. Denn Zürcher Geschnetzeltes mit Rösti (oder Rööschti, wie der Schweizer sagt) gilt nicht nur weltweit als das Schweizer Gericht. Es wird in Zürich auch gern und oft gegessen. Manche Klischees stimmen einfach. Auch das Restaurant selbst könnte das Motiv einer Postkarte sein: ein wirklich altes (erbaut 1206) Haus in der Glockengasse mit bunter Fassade, in dem schon Goethe zu Gast war. Was er genau gegessen hat, wissen wir nicht. Zürcher Geschnetzeltes wahrscheinlich nicht, denn das gab es so noch nicht. Die Rösti waren damals noch ein billiges Bauernfrühstück und das Geschnetzelte tauchte vor nicht einmal hundert Jahren das erste Mal auf: als Aufforderung, Fleischreste zu verwerten.
Zum Sonntagsgericht wurde es durch die Verfeinerung des Rezepts und der Verwendung von einfachen, aber guten Zutaten. Auch das Kalbfleisch aus der Reblaube kommt von einem Metzger aus dem Ort und es werden nur bestimmte Teile aus der Kalbshüfte genutzt. Welche, das bleibt das Geheimnis des Chefkochs.

Kult: Der Wiener Würstelstand

„Süß oder scharf'?", bei dieser wohl häufigsten Frage am Würstelstand geht es nicht um die Entscheidung zwischen Sachertorte und Käsekrainer, sondern um den Senf zur Wurst. Denn es gibt ihn traditionell als süßen Kremser oder scharfen Estragon.
Der Käsekrainer ist eine österreichische Erfindung: Eine Wurst aus Schweinefleisch mit zehn bis 20 Prozent Käseanteil. Außerdem werden „Frankfurter" (auch „Wiener Würstchen" genannt), Hot Dogs und die klassische Bratwurst angeboten. Beim Würstelstand am Riesenrad kann man zur Wurst nicht nur Bier oder Limonade, sondern auch ein Gläschen Champagner trinken und am Xpedit-Kiosk im Freihausviertel finden auch Feinschmecker und Vegetarier ihr Lieblingsgericht.
Zum Kult wurde vor allem der Würstelstand am Hohen Markt, der bis in die frühen Morgenstunden geöffnet ist. Hier findet man neben dem Punk auch die Opernbesucher im Frack oder Abendkleid – und die Wurst nach dem Opernball ist schon fast eine Tradition.

2 Wer war wo? Ordnen Sie zu. Eine Aussage passt zu keinem Text. Welche?

> **Peter** (22) „Wir haben die ganze Nacht in der „Fledermaus" gefeiert. Ein Club im ersten Bezirk. Um fünf Uhr morgens sind wir Richtung Pension geschlendert. Karl hatte die gute Idee, noch etwas Schnelles zu essen. Es gab eine Menge Leute am Stand und die Stimmung war super. Geschmeckt hat es auch, obwohl ich mich an den Senf erst gewöhnen muss."

> **Hannelore** (42) „Zuerst wusste ich gar nicht, was ich machen sollte. Ich hatte Angst, dass alles auf die Bluse geht. Aber nach und nach wurde ich immer sicherer. Ich habe erst danach gefragt, was ich genau gegessen habe – und war erstaunt!"

> **Marianne** (37) „Wir haben am Sonntag sehr gut gegessen. Gut, der Braten ist etwas schwer, aber hin und wieder darf man sich das schon einmal erlauben. Und das Restaurant ist wirklich schön – ein echter Klassiker."

> **Urs** (58) „Wir gehen regelmäßig zum Brunner. Bei ihm schmeckt es einfach so wie es schmecken soll. Das Fleisch zart und die Beilage außen schön knusprig und innen noch ein bisschen pappig, damit sie sich gut mit der Soße verbindet – ein Gedicht!"

3 Wohin würden Sie am liebsten gehen? Begründen Sie.

Ich würde sehr gern … ausprobieren.

Das ist doch nichts Besonderes. Ich würde lieber …

Ich war/habe noch nie … Deshalb …

Der liebe Haushalt

Wortschatz

1 Ein Tag mit vielen Pannen. Ergänzen Sie im Text die Verben. Unten finden Sie Hilfe.

Liebe Ulrike,

Du kannst dir nicht _____¹, was für einen Tag ich hinter mir habe. Ich wollte so viel _____², aber nichts hat funktioniert. Heute früh wollte ich ganz schnell die Wäsche in den Schrank _____³, aber als ich die Socken _____⁴, passten ganz viele nicht zusammen. Dann wollte ich noch die weiße Wäsche _____⁵, aber ich habe nicht gemerkt, dass ich auch meine rote Unterhose in die Maschine _____⁶, jetzt ist Walters Lieblingshemd rosa!

Beim Frühstück wollte ich für die Kinder schnell die Brote _____⁷, aber die Butter war alle. Also nur Schokocreme, obwohl das viel zu ungesund ist. Aber als ich die Brote _____⁸ wollte, war die Folie zu Ende. Dann ist das Rührei noch angebrannt – die Pfanne sah aus – ich musste sie erst einmal eine halbe Stunde _____⁹. Als ich später das Geschirr _____¹⁰, hatte einer der guten Teller noch einen Fleck. Ich versuchte, ihn zu _____¹¹ – leider habe ich den Teller dabei ganz _____¹². Dann habe ich Walter gefragt, ob er nicht noch schnell unser neues Bild im Wohnzimmer _____¹³ könnte. Er war viel zu hektisch und hat es _____¹⁴. Dabei war es doch teuer!

Als endlich alle aus dem Haus waren, wollte ich zuerst den Boden _____¹⁵, aber das Wasser war abgestellt – die Stadt hat irgendwas _____¹⁶. Also dachte ich mir, dass ich jetzt endlich das Kleid für Saras Geburtstag _____¹⁷ könnte, aber du kannst dir sicher denken, was _____¹⁸ ist: Die Nähmaschine ging nicht mehr. Danach hatte ich keine Lust mehr auf Haushalt, ich habe Fiffi und Rex gerufen und wir sind zwei Stunden durch den Wald _____¹⁹. Danach ging es mir besser!

Ich hoffe, du hattest einen schöneren Tag, liebe Grüße, Anja

abtrocknen • aufhängen • beschädigen • einpacken • einräumen • einweichen • erledigen • entfernen • laufen • nähen • passieren • reparieren • schmieren • sortieren • stecken • vorstellen • waschen • wischen • zerkratzen

2 Welches Verb passt? Kombinieren Sie die Buchstaben.

1. a) [d] den Fleck   b) [ ] der Fleck   c) geht raus   d) entfernen
2. a) [ ] die Zahnbürste   b) [ ] das teure Bild gut   c) verpacken   d) einpacken
3. a) [ ] den Spiegel   b) [ ] den Fleck   c) zerkratzen   d) abkratzen
4. a) [ ] sich etwas sehr   b) [ ] sich etwas Besonderes c) wünschen   d) leisten
5. a) [ ] den Abfall   b) [ ] seine Aufgaben   c) erledigen   d) wegbringen

3 Wortfelder. Ordnen Sie die Wörter zu und ergänzen Sie weitere.

die Alufolie • der Ausweis • der Besen • der Dampf • der Einkaufswagen • der Eintritt • die Ermäßigung • die Geheimzahl • die Handtasche • die Mikrowelle • die Sauberkeit • der Staubsauger • der Stoff • die Wäsche • die Versicherung

Haushalt und Geräte	Ausgehen und Geld

4 Textbausteine. Schreiben Sie einen Werbetext.

mit starkem Dampfdruck / entfernt jeden Dreck mühelos
einfach den Stecker in die Steckdose / Wasser ins Gerät geben
alles andere / „Zisch & Weg" erledigen
bis zum Monatsende bestellen / dann 15 Prozent Ermäßigung
keine bessere Haushaltshilfe / sich wünschen können

Dampfreiniger „Zisch & Weg"

Grammatik

5 Technik macht den Haushalt leichter. Schreiben Sie Sätze wie im Beispiel.

Beispiel: den Fußboden mit dem Besen fegen – sich einen Staubsauger besorgen
➤ **Anstatt** den Fußboden **zu** fegen, kann man sich einen Staubsauger besorgen.

1. das Geschirr per Hand abwaschen – eine Spülmaschine spülen lassen
2. die Wäsche in der Badewanne waschen – sich eine Waschmaschine kaufen
3. die Flecken mit viel Mühe entfernen – die Wäsche in die Reinigung bringen
4. die nasse Wäsche aufhängen – sie im Trockner trocknen
5. das Essen auf dem Herd warm machen – es einfach in die Mikrowelle stellen

6 Wiederholung: Sätze mit *um … zu*.
Schreiben Sie die Sätze aus Aufgabe 5 um.

Um den Fußboden nicht mit dem Besen zu fegen, besorge ich mir einen Staubsauger.

Der liebe Haushalt

7 Reflexivpronomen: *sich* wünschen – im Dativ oder im Akkusativ? Ergänzen Sie.

• Ich wünsche _____¹ eine Küchenmaschine zum Geburtstag, aber ich weiß nicht, ob _____² jemand so ein teures Geschenk leisten kann.

■ Ach, ich kann _____³ vorstellen, dass wir alle Geld zusammenlegen. Deine Freunde wissen doch auch, dass du _____⁴ darüber mehr freust als über viele kleine Geschenke, die du gar nicht brauchst.

• Oh, das wäre schön! Dann müssten wir _____⁵ nicht mehr so viel Mühe beim Gemüseschneiden geben!

8 *Irgendwie – irgendwo – irgendwann.* Antworten Sie auf die Fragen wie im Beispiel.

Beispiel: Wo steht der Besen? – im Keller ➤ *Irgendwo* im Keller.

1. Wann wolltest du den Boden fegen? – heute Abend
2. Wo liegen meine Sportsachen? – im Schrank
3. Wie macht man Lasagne? – mit Nudeln und Käse
4. Was nehme ich zum Putzen? – mit Essig
5. Wer hat im Keller das Licht nicht ausgemacht? – aus dem Haus

Tipp
*Auf die Frage mit **Wer ...?** können Sie auch mit **irgendjemand** antworten*

9 Haushalt früher. Wiederholung: Schreiben Sie die Verben im Präteritum.

Im 19. Jahrhundert _____¹ (geben) es fast keine technischen Geräte, die die Arbeiten im Haushalt _____² (erledigen). Die Hausfrauen oder das Personal _____³ (waschen) und _____⁴ (putzen) per Hand. Sie (kochen) _____⁵ und _____⁶ (braten) auf einem Herd, den sie mit Holz _____⁷ (heizen). Ohne Kühlschränke _____⁸ (bleiben) das Essen nicht lange frisch, deshalb _____⁹ (gehen) die Frauen fast täglich einkaufen. Sie _____¹⁰ (tragen) die schweren Taschen meistens selbst, denn Autos _____¹¹ (haben) sie natürlich noch nicht. Der Haushalt _____¹² (nehmen) den Frauen ihre ganze Zeit und Kraft.

10 Heute wird die Arbeit geteilt? Schreiben Sie den Dialog mit *wenn*-Sätzen.

Beispiel: du – die Wäsche waschen und aufhängen / ich – Staub saugen
➤ *Wenn* du die Wäsche wäschst und aufhängst, sauge ich Staub.

Er: einkaufen gehen / die Einkäufe in den Kühlschrank räumen.
Sie: den Boden wischen / die Blumen auf dem Balkon gießen
Er: die Mikrowelle sauber machen / deine Hemden bügeln
Sie: die Weihnachtsgeschenke besorgen / sie einpacken
Er: die Bettwäsche nähen / den Stoff bezahlen

Lesen

11 Kinder und Hausarbeit. Lesen Sie den Text, kreuzen Sie die richtigen Aussagen an und ordnen Sie ihnen die passenden Zeilen zu.

Welche Hausarbeiten sind für Kinder geeignet?

Kinder sollten, je nach Alter, eigene Aufgaben im Haushalt erledigen. Das ist eine Hilfe für die Eltern, aber es gibt auch den Kindern Selbstbewusstsein und bereitet sie auf das Leben vor.

Ab wann können Kinder im Haushalt helfen?
Eigentlich können die Kinder schon ab dem ersten Jahr helfen. Natürlich kann es bei so kleinen Kindern noch nicht um „echte" Hilfe gehen, denn die Kinder brauchen im Kleinkindalter noch sehr lange und können die Aufgaben noch nicht perfekt erledigen. Es geht also eher um das Lernen als um das Helfen – deshalb müssen Eltern hier auch Geduld zeigen. Aber schon mit fünf Jahren kann ein Kind allein Wäsche aufhängen oder sie sortieren, das Geschirr aus dem Schrank holen, es abtrocknen oder in die Spülmaschine einräumen, den Tisch decken, und auch mal ein Waschbecken putzen. Wenn die Kinder noch so jung sind, haben sie oft viel Spaß daran, im Haushalt zu helfen.

Hausarbeit und Pupertät
Das ändert sich aber, wenn sie älter werden. Sind sie erst einmal in der Pupertät, also zwischen 12 und 18 Jahre alt, gibt es eigentlich in jeder Familie Streit über die nun so lästigen Haushaltspflichten. Aber wenn der Sohn oder die Tochter von Anfang an an die Mitarbeit im Haushalt gewöhnt ist, kann man eher darauf hoffen, dass das Übernehmen von eigenen Aufgaben zum Alltag gehört.
Deshalb sollten Sie zum Beispiel früh beginnen, die Kinder zum Einkaufen mitzunehmen und sie auch mal den Einkaufszettel schreiben lassen. Denn ein älteres Kind kann Besorgungen dann auch ganz selbstständig erledigen. Weitere für Kinder besonders geeignete Aufgaben sind: den Müll wegbringen, die Haustiere füttern oder die Blumen gießen. Und besonders in der Weihnachtszeit helfen viele Kinder gern beim Plätzchenbacken!

	richtig	Zeile
1. Kinder sollen im Haushalt helfen, damit sie für ihr späteres Leben lernen.	☐	___
2. Aber sie sollten mindestens fünf Jahre alt sein.	☐	___
3. Mit fünf Jahren kann ein Kind schon einige Aufgaben erledigen.	☐	___
4. Am Anfang brauchen die Eltern etwas Zeit und Geduld.	☐	___
5. Sind die Kinder älter, haben sie auch mehr Lust, zu helfen.	☐	___
6. Man sollte seine Kinder schon früh ans Helfen gewöhnen.	☐	___
7. Jugendliche können schon selbstständig Besorgungen erledigen.	☐	___
8. Helfen kann auch Spaß machen – besonders in der Weihnachtszeit.	☐	___

Der liebe Haushalt

12 Welcher Kurs passt zu den Personen? Lesen Sie die Texte und ordnen Sie den Personen einen passenden Kurs in der Haushaltsschule zu.

1. Frank Burkhard
Im Sommer ziehe ich mit meiner Freundin zusammen. Zu Hause durfte ich nie was im Haushalt machen und mir ist es echt peinlich, dass ich keine Ahnung habe. Ich will mich doch vor meiner Freundin nicht blamieren!

2. Martina Gutsmann:
Wir sind schon seit vier Jahren verheiratet und erledigen alle Arbeiten im Haushalt zusammen, aber wir fragen uns oft: Könnte das alles nicht auch schneller gehen? Machen wir alles wirklich richtig? Gibt es vielleicht in der einen oder anderen Situation nicht noch einen Tipp, der helfen könnte? Besonders beim Kochen können wir noch einiges lernen.

3. Rainer Kuhlmann:
Meine Frau muss bald für längere Zeit im Ausland arbeiten. Ich bleibe in dieser Zeit mit unseren drei Kindern hier. Wir haben ein Haus mit Garten, drei Hunde und zwei Katzen. Ich arbeite viel, komme oft erst um 20 Uhr nach Hause. Wie soll ich das alles organisieren? Und viel Zeit, einen Kurs zu besuchen, habe ich auch nicht.

Connys Haushaltsschule

Herzlich Willkommen!
Hausarbeit – das kann doch jeder? Kochen, Putzen, die Wäsche machen, das Geld einteilen und vielleicht auch noch einen Garten pflegen ... Das soll man alles einfach so können, obwohl man als Kind gerade mal ein bisschen der Mutter bei der Arbeit zusehen konnte. Aber was man gut kann, macht mehr Spaß und es geht auch schneller. Ich zeige Ihnen, wie Ihr Haushalt gut funktioniert und wie Sie effektiv und schnell arbeiten. Ich biete Lösungen für Ihre Probleme an! Wählen Sie aus meinem Kursprogramm:

KURS A: *Es geht noch besser – für alle, die schon einen Haushalt führen*

Kennen Sie das Problem: Seit Jahren führt man seinen Haushalt – irgendwie – und weiß nicht genau, ob man es richtig macht? In diesem Kurs bekommen Sie den Feinschliff, viele gute Ratschläge für Ihr Zeitmanagment und Tipps, die Ihre Haushaltsführung verbessern werden.

KURS B: *Für Singles, frisch Verheiratete und junge Paare*

Irgendwann hat Ihnen Ihre Mutter oder Oma einiges gezeigt und erklärt, aber Sie haben alles vergessen? Dann brauchen Sie einen Einsteigerkurs mit System! In kurzer Zeit lernen Sie die Grundlagen der Haushaltsführung in allen Bereichen, die jeder im Alltag braucht. So sparen Sie viel Zeit und der Haushalt wird nicht zum Störfaktor für Ihr neues Glück.

KURS C: *Individuelle Haushaltsberatung*

Sie wissen eigentlich, was zu tun ist, aber manchmal wird alles zu viel? Sie brauchen Hilfe, die ganz auf Ihre persönliche Situation passt? Ich komme auch gern zu Ihnen nach Hause und wir planen, organisieren und optimieren gemeinsam. Vereinbaren Sie mit mir Ihren persönlichen Beratungstermin und wir lösen Ihre Probleme zusammen!

Kommunikation

13 Als Kind im Haushalt helfen. Antworten Sie auf die Fragen.

1. Warum sollen die Kinder Ihrer Meinung nach im Haushalt (nicht) helfen?
2. Warum haben Sie als Kind (nicht) gern im Haushalt geholfen?
3. Welche Arbeiten mussten/durften Sie im Haushalt erledigen?
4. Was konnten Sie als Kind besonders gut im Haushalt machen?
5. Welche Hausarbeiten könnten für Kinder gefährlich sein?

14 Sie möchten zu Hause einen Frühjahrsputz machen.
a) Schreiben Sie eine Aufgabenliste.

– Putzmittel besorgen
– Fenster putzen

 Info
In Deutschland gibt es, wie in vielen anderen Ländern auch, die Tradition, im Frühling einen Großputz zu machen. Es wird besonders gründlich sauber gemacht – auch da, wo man normalerweise nur selten putzt.

b) Ihr/e Partner/in soll helfen. Formulieren Sie Bitten zu den Aufgaben in a).

Könntest du zum Supermarkt fahren und Putzmittel besorgen?
Würdest du mir ...

15 Sie möchten mit einem Freund ein Picknick machen und planen es zusammen. Schreiben Sie einen Dialog. Nutzen Sie diese Punkte.

– Was – brauchen?
– Wer – Getränke besorgen?
– Wer – was vorbereiten können?
– Wann und wo – einkaufen?

16 Wie funktioniert Ihr Haushalt? Schreiben Sie einen Text (ca. 150 Wörter). Nutzen Sie diese Punkte.

– Welche Arbeiten müssen wie oft erledigt werden?
– Wer macht diese Arbeiten?
– Was macht wem aus Ihrer Familie/Ihnen besonders viel/gar keinen Spaß?
– Welche Probleme gibt es im Haushalt?
– Was und wie würden Sie gern besser machen oder organisieren?

Reisen und arbeiten

Wortschatz

1 Ergänzen Sie die Texte mit dem passenden Beruf. Achten Sie auf die Form.

1. der Apotheker/die Apothekerin
2. das Zimmermädchen (der Roomboy)
3. der Trainer/die Trainerin
4. der Reiseleiter/die Reiseleiterin

A: Ich habe ein Fitnessstudio und suche dringend zwei neue _____. Am besten Sportstudenten, die schon Erfahrung mit verschiedenen Sportkursen haben.

B: Als _____ bin ich viel unterwegs: heute Paris, morgen Madrid ... Da bleibt leider nicht viel Zeit für Freunde und Familie.

C: _____ arbeiten immer unter Stress: Wir haben oft nur zwanzig Minuten pro Zimmer und müssen in dieser Zeit alles schaffen: die Betten, das Bad, den Boden ...

D: Als _____ werde ich im Winter oft krank, weil so viele Kunden zu mir kommen, die eine Erkältung haben.

2 Welche Tätigkeit passt zum Beruf? Ordnen Sie sie in die Tabelle. Welche passt zu keinem?

Rezepte lesen • Ankunftszeiten überprüfen • Betten machen • Einzelzimmer reservieren • das Bad putzen • Ausflüge organisieren • einen Verband anlegen • einen Trainingsplan machen • staubsaugen • die Nutzung der Sportgeräte erklären • Medikamente sortieren • über Sehenswürdigkeiten informieren • Tipps zum gesunden Training geben • mögliche Nebenwirkungen erklären • Eintrittskarten kaufen • wütende Touristen beruhigen

Zimmermädchen	Reiseleiter/in	Fitnesstrainer/in	Apotheker/in

3 Hochzeitsreise auf einem Schiff. Ergänzen Sie die Wörter.

Ankunft • Hafen • Personal • persönlichen • reserviert • Schiff

Sehr geehrte Frau Raeke,

wir freuen uns sehr, dass Sie Ihre Hochzeitsreise auf unserem _____ [1] verbringen wollen. Hiermit bestätigen wir Ihre Buchung: Sie haben die Reise auf der MS Maria Luise vom 14.06. bis zum 23.06.2013, Außenkabine mit Balkon _____ [2]. Abfahrt und _____ [3] im Hamburger _____ [4].

Damit sich unser geschultes _____ [5] auch um Ihre ganz _____ [6] Wünsche kümmern kann, bitten wir Sie, uns diese bis zum 30. Mai mitzuteilen.

Mit freundlichen Grüßen

4 Gegensätze geschüttelt. Finden Sie die Wörter und ordnen Sie sie zu.

remküdiwgr • rckdegi • nstigtü • arburtchf

1. teuer ≠ _____
2. sauber ≠ _____
3. normal ≠ _____
4. toll ≠ _____

5 Was passt zusammen? Verbinden Sie.

1. jemandem sein Geld aus der Tasche
2. einen Dieb beim Stehlen
3. seinen Schülern einen Text
4. das Alter einer Person
5. alle Touristen wieder
6. die Reise wegen des schlechten Wetters
7. einen süßen Hund
8. ein Hotelzimmer per E-Mail
9. viel vom Urlaub

a) erwarten
b) reservieren
c) streicheln
d) stehlen
e) beobachten
f) erraten
g) diktieren
h) einsammeln
i) früher beenden

6 Alles nur Arbeit? Sammeln Sie Wortverbindungen. Dann ergänzen Sie den Artikel.

Arbeit(s) — bedingungen

Grammatik

7 Genitiv: *der das die* wird zu …? Kombinieren Sie und bilden Sie Sätze mit dem Genitiv der Wörter. Es gibt viele Möglichkeiten.

	der ▨	*das* ✕	*die* ❀
die Größe	Hafen	Schiff	Reise
die Länge	Ort	Taxi	Pension
die Öffnungszeiten	Felsen	Hotel	Bar
der Preis	Urlaub	Zimmer	Fachkraft
die Bedingungen	Arbeitsmarkt	Zimmermädchen	Apotheke
die Eigenschaften	Beruf	Meer	Messe
die Qualifikation	Mensch	Büro	
der Luxus			
die Schönheit			

Der Preis des Taxis ist okay.

8 Was gehört wem? Ordnen Sie die Bilder zu und schreiben Sie Sätze wie im Beispiel.

Beispiel: der Besen – die Putzfrau ▶ der Besen **der** Putzfrau

Reisen und arbeiten

9 Satzkette: Superlativ + Genitiv. Schreiben Sie wie im Beispiel.

Beispiel: Der 21. Juni ist: lang/Tag – das Jahr ➤ Der 21. Juni ist **der längste** Tag **des Jahres**.

1. Da hatte ich auch: erfolgreich/Woche – der Monat
2. Denn in dieser Woche beendeten wir: spannend/Teil – das Projekt
3. Das war: gut/Entwicklung – unser Team
4. Jetzt sind: hoch/Erwartungen – mein neue Arbeitgeber – geweckt

10 Beruflich reisen. Ergänzen Sie Artikel und Nomen im Genitiv.

Katja Raeke: „Der Beruf (eine Dolmetscherin) _____¹ bedeutet, dass man viel reisen muss. Die Geschäfte (die Kunden) _____² führen mich oft in sehr interessante Städte wie zum Beispiel nach Kasachstan, in die Hauptstadt (das Land) _____³ Astana. Ich arbeite natürlich wegen (das Geld) _____⁴, aber auch, weil ich viele Orte (diese Welt) _____⁵ sehen kann. Das ist für mich ein wichtiger Teil (mein Leben) _____⁶. Denn es macht mir viel Spaß, die Kultur und den Alltag (die Menschen) _____⁷ kennenzulernen."

11 Nicht nur Genitiv. Ergänzen Sie in den Texten die Nomen mit Artikel und kreuzen Sie an.

	Akk.	Dativ	Gen.
1. Marie Krug, Camping-Urlauberin: „Wenn wir in (der Urlaub) _den Urlaub_ fahren, gehen wir wegen (die Kosten)	X	☐	☐
_____ nie ins Hotel. Wir suchen eine günstige Übernachtung oder nehmen einfach (ein Zelt) _____ mit und	☐	☐	☐
	☐	☐	☐
suchen (ein schöner Ort) _____ zum Schlafen, zum	☐	☐	☐
Beispiel an (ein See) _____. Manchmal leihen wir uns	☐	☐	☐
auch den Wohnwagen (mein Bruder) _____."	☐	☐	☐
2. Karl Stahlmann: „Ich bin schon seit zwei Jahren Rentner. Die Zeit vor (die Rente) _____ war nicht leicht, weil ich mit 62	☐	☐	☐
meine Stelle verloren habe. Die Firma wollte, dass ich in (eine neue Filiale) _____ in Hamburg arbeite. Die Hälfte	☐	☐	☐
(das Personal) _____ sollte dort arbeiten. Ich fand mich	☐	☐	☐
zu alt, um jeden Tag zu pendeln und habe abgelehnt. Nach (ein langes Gespräch) _____ haben wir (die Kündigung)	☐	☐	☐
_____ beschlossen und ich war 3 Jahre arbeitslos."	☐	☐	☐

12 Ein Urlaub mit Pannen. Ordnen Sie die Gründe zu und antworten Sie mit *wegen* + Genitiv.

1. Warum seid ihr einen Tag später angekommen?
2. Warum habt ihr im Zelt geschlafen?
3. Warum siehst du so müde aus?
4. Warum bist du nicht braun geworden?
5. Warum bist du so dünn?
6. Warum hat dir der Urlaub trotzdem Spaß gemacht?

das schlechte Essen
der Lärm auf dem Zeltplatz
ein Sturm am Abflugtag
meine tolle Begleitung
meine Sonnenallergie
eine Panne bei der Buchung

Wegen eines Sturms am Abflugtag konnte das Flugzeug nicht starten.

13 Die n-Deklination üben.
a) Notieren Sie die Formen.

Genitiv:
1. die Liebe / der junge Student
   ► *die Liebe des jungen Studenten*
2. die Mütze / der Polizist
3. die Frage / ein kleiner Junge
4. das Foto / ein großer Löwe
5. die Visitenkarte / dieser nette Herr

Dativ:
6. das Gespräch / mit + ein Polizist
   ► *das Gespräch mit einem Polizisten*
7. die Reise / mit + mein Neffe
8. der Brief / von + ein netter Mensch
9. Tiere / von + ein anderer Kontinent
10. das Einzelzimmer / von + der ruhige Tourist

Akkusativ:
11. sich verlieben in / ein Student
    ► *sich in einen Studenten verlieben*
12. fotografieren / ein Löwe
13. kennenlernen / ein älterer Herr
14. anrufen / der Patient
15. sich interessieren für / ihr Nachbar
16. heiraten / mein Kollege

b) Wählen Sie aus jeder Kategorie mindestens zwei Beispiele aus und schreiben Sie mit ihnen eine lustige Geschichte.

Reisen und arbeiten

Lesen

14 Ein Berufsbild.
a) Lesen Sie den Text schnell. Welches Foto passt zum Text? Kreuzen Sie an.

Knochenjob im Flugzeug

Früher hießen sie noch Steward und Stewardess. Heute lautet die korrekte Berufsbezeichnung Flugbegleiter/in. Den Gebrauch der Schwimmwesten zu erklären und das Servieren von Getränken oder Snacks bei Turbulenzen ist Standardprogramm. Die Arbeit als Flugbegleiter ist aber mehr als ein Kellnerjob über den Wolken. Denn im Notfall tragen sie große Verantwortung. Deshalb ist Sicherheit auch der wichtigste Punkt des Lehrgangs, der meistens acht Wochen dauert und in dem die erfolgreichen Bewerber alles über Sicherheit und Service lernen. Denn ein anerkannter Ausbildungsberuf ist es nicht. Auch der Schulabschluss ist den meisten Fluggesellschaften nicht so wichtig. Trotzdem müssen Interessenten einige Bedingungen erfüllen: Man braucht eine abgeschlossene Berufsausbildung und sollte mindestens 1,65 groß sein. Neben guten Englischkenntnissen erhöht eine zweite Fremdsprache, zum Beispiel Spanisch, die Chancen. Auch Erfahrungen in der Gastronomie sind von Vorteil. Man muss gute Nerven haben und in gefährlichen Situationen ruhig bleiben. Außerdem ist Teamfähigkeit eine Schlüsselqualifikation, denn man muss in der Lage sein, auf engem Raum mit anderen zusammen zu arbeiten und sich schnell in immer wieder neue Teams einzuleben. Wer davon träumt, viel unterwegs zu sein, dem muss klar sein, dass der Job auch sehr stressig ist: Es erwarten einen viele Stunden auf engem Raum, häufig Orts- und Klimawechsel in kurzer Zeit, schwierige Passagiere und mögliche Krisen in der Luft. Der Duft der weiten Welt kann auch leicht an Reiz verlieren, wenn zu Hause der Freund oder die Freundin wartet. Auch das Gehalt ist eher bescheiden: Man verdient ungefähr 1500 Euro, dazu kommen noch Urlaubsgeld und Zulagen. Trotzdem bleibt es für viele ein Traumberuf – oft aber nur für eine gewisse Zeit. Deshalb sind die Fluggesellschaften auch fast immer auf der Suche nach neuem Personal.

b) Wo finden Sie die Antworten? Lesen Sie den Text noch einmal, markieren Sie die passenden Zeilen und notieren Sie die Antwort in Stichwörtern.

1. Welche Aufgaben hat man in diesem Beruf?
2. Muss man eine dreijährige Ausbildung machen?
3. Welche Qualifikationen braucht man?
4. Welche Eigenschaften sollte man haben?
5. Welche Probleme erhöhen die Arbeitsbelastung in diesem Job?
6. Kann man mit diesem Job reich werden?
7. Gibt es freie Stellen in diesem Beruf?

1. Erklären, wie eine Schwimmweste funktioniert, Getränke …

15 Wäre das ein Job für Sie? Sammeln Sie Vor- und Nachteile, die für Sie wichtig sind und schreiben Sie einen Text (ca. 100 Wörter) zu der Frage: Würden Sie gern Flugbegleiter/in werden?

Kommunikation

16 Als Apothekerin arbeiten. Bringen Sie den Dialog in die richtige Reihenfolge. Dann schreiben Sie eine Variante mit einem anderen Beruf.

Sabine arbeitet als Apothekerin, ihre Nichte interessiert sich für den Beruf und fragt viel.

a) ☐ ◂ Du hast also nette Kolleginnen? Und die Chefin, wie klappt es mit ihr?
b) ☐ ◂ Ja, dafür gibt es Zulagen. Überhaupt ist das Gehalt nicht schlecht. Ich bin also ziemlich glücklich in meinem Job, aber einen Traum habe ich noch.
c) `1` ◂ Hallo, Tante Sabine. Du, was ich dich immer schon fragen wollte: Gefällt dir eigentlich deine Arbeit in der Apotheke?
d) ☐ ◂ Musst du oft Überstunden machen?
e) ☐ ◂ Welchen?
f) ☐ ◂ Wir verstehen uns recht gut. Sie ist manchmal etwas streng, aber sie weiß, was sie tut.
g) ☐ ◂ Oh ja, sehr. Weißt du, die Apotheke ist ziemlich groß und wir sind ein tolles Team.
h) ☐ ◂ Bekommst du dafür mehr Geld?
i) ☐ ◂ Irgendwann möchte ich meine eigene Apotheke haben, aber das ist nicht einfach ...
j) ☐ ◂ Nein, eher nicht. Nur wenn eine neue Lieferung kommt, bleibe ich manchmal etwas länger. Alle drei Wochen muss ich samstags arbeiten und hin und wieder einen Nachtdienst machen.

17 Reisen – wichtig oder nicht? Antworten Sie auf die Fragen.

1. Welche Länder würden Sie gern besuchen und warum?
2. Könnten Sie es sich vorstellen, für Ihren Beruf zu reisen? Wenn ja, wie oft?
3. Was ist Ihnen persönlich beim Reisen besonders wichtig?
4. Was bedeutet für Sie Reisestress?

18 Sie wollen mit einer Freundin nach Berlin fahren und reservieren im Hotel. Schreiben Sie eine E-Mail. Nutzen Sie die Punkte.

– Doppelzimmer: 3 Übernachtungen, vom 29.07. bis zum 01.08.
– Ankunft nach 20:00 Uhr / Rezeption noch besetzt?
– ruhiges Nichtraucher-Zimmer
– Bitte um Bestätigung

Prima Vera
Hotel Garni
Waldstraße 44 · 10756 Berlin
Fon 030-81003-0 · Fax 030-81003-106
Email: parco@hotel-primavera.net
www.Hotel-PrimaVera.net

19 Eine Städtereise.
a) Notieren Sie Stichwörter zu jedem Tag dieser Reise.

1. Tag: Ankunft in Berlin   *2. Tag: im Zoo*   *3. Tag: Open Air-Konzert*   *4. Tag: tolles Essen*

b) Erzählen Sie Ihrem Partner/Ihrer Partnerin im Kurs von dieser Reise. Dann wechseln Sie die Paare. Vergleichen Sie.

Männer und Frauen

Wortschatz

1 Streit. Was wollen die damit sagen? Kreuzen Sie an.

1. Es ist immer dasselbe mit dir!
   a) ☐ Du machst immer wieder die gleichen Fehler.   b) ☐ Du bist genau wie mein Vater.

2. Ach, ja? Mach doch mal eine deutliche Ansage.
   a) ☐ Was willst du damit genau sagen?   b) ☐ Sag mir nicht, was ich tun soll.

3. Du übernimmst überhaupt keine Verantwortung.
   a) ☐ Du hast keinen Erfolg im Beruf.   b) ☐ Du kümmerst dich nicht um wichtige Dinge.

4. Ständig meckerst du an mir rum!
   a) ☐ Manchmal magst du mich nicht.   b) ☐ Immer kritisierst du mich.

5. Dir ist völlig egal, wie es mir geht!
   a) ☐ Ich bekomme zu wenig Aufmerksamkeit.   b) ☐ Du bist einfach dumm.

6. Bleib doch locker.
   a) ☐ Du bist nicht ernst genug.   b) ☐ Mach nicht so einen Stress!

2 Was passt nicht? Streichen Sie durch.

1. das Vorurteil: dumme blonde Frauen – kleine arrogante Männer – hübsche Kinder – geizige Millionäre
2. der Charakter: geizig – elegant – tolerant – vernünftig – fair
3. das Signal: missverständlich – deutlich – spontan – klar
4. der Kinderwagen: heben – schieben – fahren – lächeln
5. die Beziehung: die Ursache – der Konflikt – die Liebe – die Eifersucht – die Erwartung

3 Warum? Verbinden Sie und schreiben Sie Sätze wie im Beispiel.

1. Niemand versteht ihn.
2. Diana und ihr Mann haben ständig Streit.
3. Thorsten findet keine Freundin.
4. Die Mädchen sprechen Daniel nicht an.
5. Das war mein größter Misserfolg.
6. Die Kollegen finden Tim lustig.
7. Ich kann keine E-Mails mehr bekommen.

a) er / zu schüchtern wirken
b) er / Witze erzählen / gut können
c) ich / zu spontan gehandelt haben
d) sie / seine Eifersucht / stören
e) das Postfach / voll sein
f) er / sich missverständlich ausdrücken
g) seine Erwartungen / zu hoch sein

1. Niemand versteht ihn, weil er sich missverständlich ausdrückt.

4 Kleidung: Ich bin, was ich trage? Ergänzen Sie den Text auf der nächsten Seite.

angreifen • ~~ausdrücken~~ • elegant • empfinden • Erwartungen • Führungsposition • Geschäft • Hindernis • Klischee • männlich • Signal • stellen • Urteil • Vorurteil

Was _drückt_ ein Mensch mit seinem Kleidungsstil _aus_? Was _____¹ andere als attraktiv? Diese Fragen hat sich bestimmt schon jeder einmal _____². Denn wir wissen, dass man sich in den ersten Minuten ein _____³ über eine Person bildet. Ein falsches Outfit kann da sehr schnell zum _____⁴ werden. Deshalb versuchen wir, mit unserer Kleidung bestimmte _____⁵ auszusenden. Ein Anzug oder ein _____⁶ Kostüm soll zeigen, dass die Person eine _____⁷ in der Firma hat. Kleidung kann andere auch _____⁸: Die Punkbewegung der 80er-Jahre hat mit ihrem Aussehen gegen die Gesellschaft protestiert. Das, was man trägt, kann auch besonders _____⁹ oder weiblich sein. So werden _____¹⁰ geweckt, die manchmal täuschen können. Denn vor allem die Art, wie jemand gekleidet ist, lässt uns in _____¹¹ denken. Aber das Spiel mit den _____¹² kann auch Spaß machen und für die Werbung ist es tägliches _____¹³.

Grammatik

5 *Sowohl ... als auch, entweder ... oder, weder ... noch.* Ergänzen Sie.

Drei goldene Regeln

1. Über Mode und Schönheit kann man _____ vernünftig _____ sachlich diskutieren: Jeder hat seine eigene Meinung und es gibt keine objektiven Urteile.

2. _____ kommt man zu gar keinem Ergebnis _____ es gibt einen Streit.

3. _____ Männer _____ Frauen haben ihre Schönheitsideale, die aber oft nicht viel mit der Realität zu tun haben.

6 Herzblatt. Mein Traumpartner? Wie soll er/sie sein?
Schreiben Sie Sätze mit *sowohl ... als auch, entweder ... oder, weder ... noch.*

> *Meine Traumfrau sollte weder sehr groß noch besonders dünn sein.*

1. – –: sehr groß / besonders dünn sein
2. – –: eine Katze / einen Hund haben
3. a/b: meine Freunde / Fußball mögen
4. ++: kochen können / einen Job haben
5. – –: schüchtern / zu selbstbewusst sein
6. ++: zu mir halten / ehrlich sein

a/b: viel Geld haben / schön sein
++: Tiere mögen / gerne wandern
– –: Fußball gucken / Bier trinken
a/b: im Haushalt helfen / gerne kochen
a/b: politisch interessiert sein / viel lesen
++: selbstständig / selbstbewusst sein

Männer und Frauen

7 Warum ist Hans Meier in seinem Job unzufrieden? Notieren Sie seine Gründe mit *während*-Sätzen wie im Beispiel.

Beispiel: Ich mache dauernd Überstunden. Mein Kollege geht immer um Punkt fünf.

➤ Während ich dauernd Überstunden mache, geht mein Kollege immer um Punkt fünf.

Ich bin jetzt seit zwei Monaten in der Firma. Aber nichts läuft so, wie ich es mir vorgestellt habe:

1. Ich erwarte klare Aufgaben. Der Chef sagt nie, was er genau will.
2. Ich möchte mich auf das Projekt konzentrieren. Ich muss tausend andere Dinge erledigen.
3. Ich werde unfreundlich behandelt. Die Frauen bekommen Komplimente.
4. Ich möchte sachlich über die Probleme sprechen. Von den anderen kommen nur spontane Vorschläge.

8 Silberne Hochzeit. Ergänzen Sie *derselbe, dasselbe, dieselbe*.

Nominativ:
1. Das ist _____ Anzug, den Hans auf der Hochzeit trug.
2. Im Schrank hängt _____ Kleid wie auf dem Hochzeitsfoto.
3. _____ Kirche wie damals – das ist wichtig!
4. _____ Gäste wollen kommen – ein Glück, dass sie alle können.

Dativ:
1. Die Feier findet an _____ Ort statt und in _____ Restaurant.
2. Ob wir die Gäste auch mit _____ Speisekarte überraschen können?
3. Aber sicher nicht mit _____ Kellnern – sie sind bestimmt schon Rentner.

Akkusativ:
1. Wir machen aber nicht _____, sondern denken uns etwas Neues aus.
2. Ob wir auch _____ Musik spielen wollen, wissen wir noch nicht.
3. Es ist schon lustig, dass man auf der Silbernen Hochzeit _____ Mann bzw. _____ Frau noch einmal heiratet.

9 Mädchen in der Ausbildung. Wählen Sie die passende Konjunktion und verbinden Sie die Sätze.

Beispiel:
Die Leistungen von Mädchen in der Schule sind besser. Nur ca. zehn Prozent der Professoren sind Frauen. (obwohl/weil) ➤ Obwohl die Leistungen von Mädchen in der Schule besser sind, sind nur ca. zehn Prozent der Professoren Frauen.

1. An den Hauptschulen sind Mädchen in der Minderheit. An den Gymnasien sind sie mit 52,9 Prozent in der Mehrheit. (dass / während)
2. Immer mehr Mädchen das Abitur machen. Heute studieren mehr Frauen als Männer. (obwohl / weil)

3. Mädchen haben genauso viel Talent für Mathematik und Naturwissenschaften. Mehr männliche Studenten wählen technische oder naturwissenschaftliche Fächer. (damit / obwohl)
4. Die Interessen von Jungen und Mädchen werden auch von den Rollenerwartungen beeinflusst. Die Entwicklung in der Schule ist unterschiedlich. (ob / weil)
5. Man möchte auch die Leistungen von Jungen wieder verbessern. Man sucht nach Konzepten zu ihrer Förderung. (obwohl / weil)
6. Außerdem wird diskutiert: Soll man wieder Mädchenschulen einführen? (dass / ob)
7. Man hat die Hoffnung. Die Mädchen entwickeln sich so besser und ohne Hindernisse. (dass / ob)

Lesen

10 Lesen Sie die Überschrift. Was könnte das Bild damit zu tun haben?
a) Notieren Sie Ihre Vermutungen.

Frauen und Führungspositionen

b) Lesen Sie den Text und vergleichen Sie: Hatten Sie recht?

Wenn Sie zur Mittagszeit die Cafeteria einer großen Firma in Deutschland besuchen, kann die hohe Zahl von Männern in Anzug und Krawatte überraschen. Ironischerweise dies gerade in einem Land, in dem die Frauenbewegung von Anfang an mit aktiv war, und das heute zum ersten Mal in seiner Geschichte von einer Kanzlerin regiert wird. Es ist erstaunlich, wie wenige Geschäftsfrauen in Deutschlands Firmen Führungspositionen haben. Sieht man sich die Firmenfotos von der Geschäftsführung an, findet man so häufig eine Frau wie ein vierblättriges Kleeblatt auf einer großen Wiese. Zu wenig Frauen in Führungspositionen – das ist ein Problem in Deutschland, an dem Politik und Wirtschaft zurzeit intensiv arbeiten. Während etwa 60 Prozent aller Frauen zwischen 15 und 65 nicht zu Hause arbeiten, sind doch nur 30 Prozent in einem qualifizierten Beruf tätig und davon wiederum nur zwei Drittel in Vollzeit beschäftigt. Was hält die Frauen von einem hochqualifizierten Arbeitsplatz und vom Karrieremachen fern, obwohl heute mehr Frauen als Männer studieren und oft auch die besseren Noten haben? Die Meinungen dazu gehen auseinander und reichen von Ungerechtigkeit am Arbeitsplatz über Ungleichbezahlung bis zum Fehlen von beruflichen Zielen auf Seiten der Frauen.
Eindeutig feststellen kann man, dass in Deutschland eine solche Mischung aus kultureller Tradition und sozialer Gesetzgebung herrscht, dass Frauen eher dazu neigen, sich gegen eine berufliche Karriere zu entscheiden und andere Dinge wichtiger zu finden.

c) Lesen Sie noch einmal und kreuzen Sie an: richtig oder falsch?

	richtig	falsch
1. Die Männer verbringen auf der Arbeit mehr Zeit im Café als im Büro.	☐	☐
2. Weil Deutschland eine Kanzlerin hat, gibt es auch mehr Frauen als Chefs.	☐	☐
3. Politiker und Firmen wollen, dass mehr Frauen in die Chefetagen kommen.	☐	☐
4. 65 Prozent aller Frauen in Deutschland arbeiten in einem qualifizierten Beruf.	☐	☐
5. Männer haben die besseren Noten und machen deshalb Karriere.	☐	☐
6. Für das Fehlen von Frauen in Chefetagen werden viele Ursachen diskutiert.	☐	☐
7. Viele Frauen wollen nicht unbedingt Karriere machen.	☐	☐

Männer und Frauen

11 Ein Interview.
a) Lesen Sie die Antworten und ordnen Sie die Fragen zu.

a) *Psychologie im Alltag:* Wie schafft man das?
b) *Psychologie im Alltag:* Was tue ich, wenn es immer wieder zu einem Streit kommt?
c) *Psychologie im Alltag:* Kommunikation sollte doch nicht so schwer sein: Leute reden miteinander, sind nett und höflich und klären so ihre Probleme ...
d) *Psychologie im Alltag:* Kann ein richtiger Krach denn auch mal hilfreich sein?
e) *Psychologie im Alltag:* Warum sind Diskussionen mit manchen Kollegen leichter?

Interview
Streitkultur am Arbeitsplatz: Darf es auch mal krachen?
Trainerin Rosa Bielmann sagt: Wenn die Beziehung stimmt, kann ich meinem Kollegen auch mal deutlich die Meinung sagen. Aber ich muss immer zeigen, dass ich ihn oder sie als Person schätze.

1. _____
R. Bielmann: Wenn es den Gesprächspartnern gelingt, nett und höflich zu bleiben, wäre das schon einmal ein Anfang. Bei einer guten Kommunikation muss man bei den sachlichen Dingen klar sein und auf der Beziehungsebene sollte man freundlich bleiben. Dann kann man andere Ideen auch mal nicht gut finden – und das auch sagen. Viele denken, gute Kommunikation heißt, man ist immer derselben Meinung. Das stimmt nicht. Aber man kann dem anderen signalisieren: Ich habe eine andere Meinung als du, aber als Person schätze ich dich.

2. _____
R. Bielmann: Viele Führungskräfte wollen in einer Sitzung nur ihre Themen besprechen – und das möglichst schnell. Dabei kümmern sie sich weniger um die Gefühle ihrer Mitarbeiter oder um die Beziehung zu ihnen. Oft hilft es schon, zu wissen, dass diese Ebene für das Funktionieren von Gesprächen sehr wichtig ist. Dazu ein einfaches Beispiel: Statt zu sagen: „So ein Quatsch, was soll der Unsinn?" kann man auch sagen: „Ich habe nicht ganz verstanden, was Sie genau wollen". So drücke ich meinen Respekt vor der anderen Person aus und fordere trotzdem eine deutlichere Erklärung auf der sachlichen Ebene.

3. _____
R. Bielmann: Wenn man sich schon gut versteht, kann man auch leichter unangenehme Dinge sagen. Denn das Vertrauen ist schon da. Fehlt dieses Vertrauen, kann es viel eher zu Missverständnissen und Verletzungen kommen. Dann ist es besonders wichtig, respektvoll zu sein. Besonders wenn noch andere Kollegen dabei sind.

4. _____
R. Bielmann: Ja, das ist besser, als immer wieder zu reden, ohne klare Ansagen zu machen. Aber es ist wichtig, danach noch einmal in einer ruhigen Minute über den Streit zu sprechen, um die Beziehung zum anderen zu klären.

5. _____
R. Bielmann: Die Situation kann sich nur ändern, wenn sie auch angesprochen wird. Reden Sie dabei auch über das „Wie". Sagen Sie zum Beispiel: *Ich würde gern etwas zum Inhalt der Diskussion sagen und auch zum Ton. Ich fange mal mit dem Ton an. Der macht mir zu schaffen, denn ich empfinde es als unfreundlich wie Sie mit mir reden. Es wäre mir sehr wichtig, wenn wir anders miteinander sprechen könnten. Und zum Inhalt kann ich Folgendes sagen ...* Diese Sätze kann man ruhig auswendig lernen. Denn Sie können helfen, eine angenehme Streitkultur zu entwickeln.

b) Ordnen Sie diese Aussagen den Antworten aus dem Interview zu.

a) Ein Streit kann auch gut sein, aber man muss darüber sprechen. • b) Wenn ich jemanden gut kenne, ist ein Gespräch leichter. • c) Wenn die Kommunikation nicht klappt, sollte man das Problem ansprechen. • d) Man kann unterschiedlicher Meinung sein, aber man darf den Gesprächspartner nicht verletzen. • e) Viele Führungskräfte achten bei Besprechungen zu wenig auf die Beziehung zu den Mitarbeitern.

c) Was ist die wichtigste Idee im Text? Beschreiben Sie sie in einem Satz.

Kommunikation

12 Beschreiben Sie das Bild. Nutzen Sie die Leitfragen.

– Was will der Mann von der Frau?
– Welchen Vorschlag macht die Frau?
– Wie würden Sie den Charakter des Mannes / der Frau beschreiben?
– Was würden Sie in dieser Situation tun?

13 Sie haben sich mit einem Kollegen gestritten und möchten mit ihm sprechen. Schreiben Sie ihm eine E-Mail oder einen Zettel. Nutzen Sie die Punkte.

– der Streit tut Ihnen leid
– um ein persönliches Gespräch bitten / weiter gut zusammenarbeiten wollen
– sich in der Cafeteria zusammensetzen
– einen Termin für das Treffen vorschlagen

*Lieber ... / Lieber Herr ...
wir hatten ja ...*

14 Männer und Frauen am Arbeitsplatz. Wie ist es in Ihrem Land?
a) Notieren Sie Stichpunkte zu den Fragen.

– Verdienen Frauen und Männer dasselbe, wenn sie die gleiche Arbeit machen?
– Werden Frauen im Gespräch öfters von Männern unterbrochen?
– Werden Männer im Gespräch öfters von Frauen unterbrochen?
– Haben Frauen und Männer die gleichen Chancen, Chef/in zu werden?

b) Lesen Sie Ihre Notizen. Sie möchten über das Thema im Kurs sprechen. Üben Sie vor dem Spiegel, was sie sagen möchten.

15 Wie würden Sie reagieren? Schreiben Sie je eine Antwort.

1. Wenn wir ein Kind bekommen, musst du deinen Beruf die nächsten drei Jahre aufgeben.

2. In der Ehe ist es nicht das Wichtigste, treu zu sein.

3. Es gibt keine Freundschaft zwischen Männern und Frauen.

4. Die Liebe ist heute immer noch dieselbe wie vor hundert Jahren.

Leben in D A CH 3

Mit dem Fahrrad durch Österreich

Der Donauradweg.
Durch welche Länder führt er?
Arbeiten Sie mit einer
Europakarte.

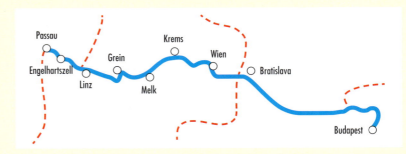

2 Maria und Pavel sitzen am Computer und planen ihre Reise auf dem Donauradweg. Lesen Sie den Dialog und notieren Sie die Ziele.

Maria: Schau mal … Ich denke, wir sollten mit der Bahn nach Passau fahren und dort auf die Fahrräder steigen.
Pavel: Ja genau, und am Ende kommen wir in Wien an. Wie viele Kilometer sind das insgesamt?
Maria: Warte … ja, hier: 323 Kilometer.
Pavel: Ach ja, das kann man in einer Woche gut schaffen. In Engelhartszell gibt es ein Kloster und die Reste einer Römersiedlung. Das schauen wir uns an.
Maria: Und dann geht es weiter nach Linz. Die Stadt wollte ich mir immer schon einmal ansehen. Wir machen einen Bummel und probieren die berühmte Linzer Torte.
Pavel: Dann geht's nach Grein, dort will ich unbedingt die Burg besichtigen. Sie ist riesig.
Maria: Von Grein bis Krems ist es ganz schön weit, vielleicht sollten wir dazwischen in Melk Pause machen?
Pavel: Wir können unterwegs entscheiden, ob wir durchfahren oder nicht. Das hängt auch vom Wetter ab und natürlich von unserer Kondition.
Maria: Genau, und davon, was wir uns alles ansehen. Das soll nämlich der schönste Teil der Strecke sein. Kurz vor Krems liegt Spitz, da gibt es den Tausendeimerberg.
Pavel: Was für ein lustiger Name! Von Krems sind es nur noch 60 km bis Wien – das wird unsere letzte Etappe.
Maria: Ich denke, wir sollten jetzt schon unsere Zimmer buchen. Das ist sicherer. Schau mal, hier ist eine Telefonnummer …

3 Maria ruft im Tourismusbüro an. Ergänzen Sie ihre Fragen und schreiben Sie das Telefonat in Ihr Heft.

Büro: Donaureisen, Müller. Guten Tag.
Maria: im Juni / 1 Woche / Donauradweg / Passau – Wien / Hotelzimmer?
Büro: Ach ja, das ist der Klassiker. Wenn Sie mir die genauen Daten geben, kann ich Ihnen für jede Station Zimmer reservieren. Aber am günstigsten ist es eigentlich, wenn Sie das Komplettpaket buchen. Wir bieten auf unserer Internetseite verschiedene Touren zu einem Pauschalpreis an – da ist dann alles drin.
Maria: alles? / was? / auch Transport?
Büro: Ja, in dem Paket ist ein Gepäckservice enthalten. Außerdem können Sie Leihfahrräder inklusive Satteltaschen bekommen. Sie sind versichert und bekommen ein Tourenpaket mit Karten und nützlichen Informationen zur Strecke. Und natürlich sind sieben Übernachtungen plus Frühstück mit drin.

Maria: Preis?
Büro: Sie können zwischen verschiedenen Kategorien wählen: A, B und C. C sind in der Regel 3-Sterne-Unterkünfte, A ist mit 4–5 Sternen am teuersten. Ab Kategorie B gibt es an einem Abend ein Gourmetmenü mit Weinprobe.
Maria: *Rückfahrt von Wien nach Passau?*
Büro: Ja, das ist ein weiterer Vorteil. Sie werden von Wien nach Passau mit dem Bus zurückgebracht. Eine S-Bahn-Karte für die Fahrt ins Wiener Stadtzentrum ist auch dabei. Schauen Sie es sich doch einfach in Ruhe an. Aber ich stelle Ihnen auch gerne eine indviduelle Tour zusammen.
Maria: *Ja / anschauen / dann entscheiden / vielen Dank*

4 Das wollen Maria und Pavel sehen. Lesen Sie noch einmal die Liste mit den Zielen und bringen Sie die Fotos in die Reihenfolge, in der sie erreicht werden.

die Greinburg direkt an der Donau

Engelhartszell mit Engelsstift

Linzer Torte

Bahnhof Passau

die Hofburg in Wien

der Tausendeimerberg bei Spitz

☐ ☐ ☐ ☐ ☐ ☐

5 Lesen Sie den Tagebucheintrag von Maria.
a) Warum hat es Streit gegeben? Erzählen Sie.

Donnerstag, 14. Juni

Liebes Tagebuch,
heute früh sind wir schon um 8 Uhr aus Grein losgefahren. Das Wetter war super, fast zu warm. Gegen Mittag, kurz vor Melk sind wir an dem Örtchen Maria Taferl vorbeigekommen. Ich wollte es mir unbedingt genauer ansehen. Es ist nämlich ganz reizend und außerdem ein berühmter Wallfahrtsort. Ich habe vorgeschlagen, dass wir hier ein paar Stunden bleiben und dann in Melk übernachten. Aber Pavel wollte weiter, weil er unbedingt noch heute bis Krems kommen wollte. Er meinte, dass wir sonst zu wenig Zeit für Wien haben würden. Das fand ich blöd. Schließlich sind wir im Urlaub und ich will die Tour ja auch genießen. Am Ende haben wir in Melk gegessen und sind spät abends schlecht gelaunt in Krems angekommen. Kein guter Tag!

b) Wer hat Ihrer Meinung nach Recht? Begründen Sie.

Lebenslinien

Wortschatz

1 Was heißt hier arm? Ergänzen Sie den Text mit den Nomen.

die Armut • der Daumen • das Einkommen • die Einnahmen •
die Erlaubnis • die Stadtverwaltung • die Sachbearbeiter (Pl.) •
die Unterstützung

Oliver: „Ich bin Straßenkünstler und habe keine feste Wohnung und auch kein festes _____¹. Ich ziehe von Stadt zu Stadt und mache Musik. Manchmal ist es kompliziert, dafür eine _____² von der _____³ zu bekommen. Aber die meisten _____⁴ sind ganz nett. Klar, manchmal sind meine _____⁵ nicht so toll. Aber ich brauche nicht viel Geld und _____⁶ vom Staat will ich nicht. Ich habe auch kein Auto: Wenn ich reisen will, halte ich an der Autobahn einfach den _____⁷ hoch. Manche nennen mich arm, aber ich würde meine „_____"⁸ gegen kein Geld der Welt eintauschen!"

2 Welches Verb passt? Ergänzen Sie.

abziehen • anmelden • aufteilen • aussehen • kündigen • (sich) schämen • ~~spüren~~ • vorhaben

1. den Stress im Alltag _spüren_
2. noch sehr viel im Leben _____
3. sich für seine Armut _____
4. einen Nebenjob beim Jobcenter _____
5. die Einnahmen von der Unterstützung _____
6. seinen Job selbst _____
7. gepflegt und schön _____
8. die Arbeit im Team _____

3 Angekommen.

a) Ergänzen Sie den Text.

anfangen • angestellt (sein) • bereuen • elektronisch • knapp • (sich) gewöhnen an • suchen • ungefähr • verlassen • weitergehen • (sich) wohlfühlen • verbinden

Nadja Jussim: „Als ich 18 Jahre alt war, musste ich meine Heimat _____¹, weil ich nicht wusste, wie es _____² sollte. Ich ging zuerst nach Schweden, aber irgendwie konnte ich mich nicht an das Land und an die Sprache _____³. Ich habe mich dort nicht _____⁴. Dann habe ich in der Schweiz ein englischsprachiges Studium _____⁵. Das war gut, aber das Geld war immer zu _____⁶ und deshalb musste ich mir unbedingt einen Nebenjob _____⁷. Zuerst bekam ich nur

Absagen. Es war eine schwere Zeit. Trotzdem habe ich nie _____8, dass ich weggegangen bin. _____9 zwei Monate später fand ich einen Job in einem Kaufhaus, in der Abteilung für _____10 Geräte. Jetzt bin ich dort in Teilzeit fest _____11 und mein Studium läuft auch gut. Ich _____12 meine Zukunft mit der Schweiz – und ich freue mich darauf!

b) Überprüfen Sie Ihre Lösung. Dann machen Sie aus dem *Ich*-Text einen *Sie*-Text.

Als Nadja Jussim 18 Jahre alt war, musste sie ihre Heimat …

Grammatik

4 Vermutungen: Vater und Sohn allein zu Haus. Schreiben Sie die Antworten des Vaters. Benutzen Sie *wahrscheinlich*, *bestimmt*, oder *vielleicht* und das Futur I.

1. ‹ Papa, warum sieht sich Mama nicht mit uns zusammen das Fußballspiel an?
   ▪ *Sie wird bestimmt viel zu tun haben.*

   viel zu tun haben

2. ‹ Warum geht Oma nicht ans Telefon?
   ▪ _____

   nicht zu Hause sein

3. ‹ Warum isst Corinna heute nicht mit uns?
   ▪ _____

   bei ihrem Freund essen

4. ‹ Warum sagt Mama, ich darf nicht mehr zu Lisa gehen?
   ▪ _____

   ?
   ihre Gründe haben

5 Wünsche und Vorstellungen: Was denkt die junge Frau? Schreiben Sie Sätze und benutzen Sie *bestimmt*, *vielleicht*, *hoffentlich* und das Futur I.

1. Nadine / in den Kindergarten gehen
2. sie / Deutsch und Russisch sprechen
3. wir / mit der Kleinen / oft nach Russland / fahren
4. die Großeltern / uns helfen
5. alles / gut gehen

1. *Nadine wird vielleicht in den Kindergarten gehen.*

Lebenslinien

6 Das wird schön! Mein Neffe muss in der Schule einen Vortrag über die Zukunft halten. Welche Vorteile nennt er? Schreiben Sie den Text in Futur I.

1. Das Gerät bringt jeden Menschen und jeden Gegenstand an jeden Ort.
2. Jeder hat ein eigenes Transportportal zu Hause und wir brauchen keine Autos mehr.
3. Man entfernt alle Straßen und auf den Autobahnen wachsen Bäume.
4. Ohne Flugzeuge und Autos gibt es keinen Klimawandel mehr.
5. Man macht alle Flughäfen und Bahnhöfe zu großen Vergnügungsparks.
6. Die Welt ist viel sauberer und schöner.

7 Sag niemals nie! Futur I und Perfekt. Schreiben Sie wie im Beispiel. Unten finden Sie Hilfen.

Sascha ist Pessimist, aber eigentlich läuft es ganz gut.
Beispiel: eine Wohnung kaufen ► Er sagte: „Ich werde nie eine Wohnung kaufen", und jetzt hat er sogar ein Haus gebaut.

1. mein Studium beenden • 2. reisen können – 3. eine gute Arbeit finden – 4. einen Hund halten können – 5. eine Familie haben

heiraten und Zwillinge bekommen • den Doktor machen • ein Pferd kaufen • eine Weltreise machen • in seinem Traumjob arbeiten

8 Wiederholung: Genitiv.
a) Wissen Sie es noch?
Wie verändert sich der Artikel im Genitiv?

der Mann und das Kind ► Die Hosen _____ Mannes und _____ Kindes sind blau.

die Frau ► Das Kleid _____ Frau ist grün.

Und die unbestimmten Artikel?

Tipp
1. Denken Sie an das **s** am Ende – oder ist es eine n-Deklination?
2. Adjektive nach Artikel im Genitiv haben immer die Endung -(e)n.

b) Schreiben Sie jetzt die Ergänzungen im Genitiv.

Franz Brauhoff ist Millionär. Als Sohn _____¹ und _____² glaubte er eigentlich nie daran, das Leben _____³ führen zu können.

Als junger Mann arbeitete er in der Bäckerei _____⁴, aber er fühlte sich in der Rolle _____⁵ nicht wohl.

Er folgte dem Beispiel _____⁶ und ging nach Frankfurt.

Dort hatte er das Glück, eine Frau kennenzulernen, die das Talent _____⁷ für Wirtschaft und Börsengeschäfte entdeckte.

ein Arbeiter
eine Hausfrau
ein reicher Mann
sein Nachbar
der ewige Lehrling
sein Freund Karl
der junge Mann

Sie hatte gute Kontakte und half ihm, die Stelle _____8 zu bekommen. Als Makler kannte er die Entwicklung _____ _____9 und verdiente ein Vermögen. Jetzt schreibt er Bücher über das Leben _____10 und verdient auch damit nicht wenig Geld.

ein Börsenmakler

die Immobilienmärkte

die Reichen

9 Wiederholung: Präteritum. Ein Märchen? Ergänzen Sie die Verben im Präteritum.

Auch heute noch findet man auf Volksfesten manchmal ein Zelt, in dem eine Wahrsagerin für etwas Geld ihren Besuchern etwas über ihre Zukunft erzählt.

Auch Marcel (wollen) _____1 sich wenigstens einmal ansehen, wie das funktioniert – natürlich nur zum Spaß. Er (gehen) _____2 hinein, als seine Freunde Michael und Thomas draußen noch (lachen) _____3. Eine sehr alte Frau (sitzen) _____4 am Tisch. Sie (sehen) _____5 ihn ruhig an, (sagen) _____6 aber nichts. Marcel (legen) _____7 zehn Euro in die Kasse, die auf dem Tisch (stehen) _____8. Die Wahrsagerin (lesen) _____9 ihm weder aus der Hand noch (besitzen) _____10 sie eine Kristallkugel. Sie (anfangen) _____ aber _____11, zu erzählen: „Ich sehe an deinen Augen, dass du allein bist". „Ja, (denken) _____12 Marcel, das weiß ich, auch ohne zehn Euro dafür zu bezahlen." „Und du wünschst dir eine glückliche Beziehung." Marcel (werden) _____13 langsam ungeduldig. In diesem Augenblick (geben) _____14 ihm die alte Frau sein Geld wieder in die Hand und sagte: „Ja, du hast Recht, diese Worte sind kein Geld wert." Er (nehmen) _____15 das Geld und stand auf. Sie machte ein Zeichen mit der Hand und er (bleiben) _____16 stehen. Sie (sprechen) _____17 sehr leise: „Du bist allein, weil du nichts dagegen tust. Auch jetzt erwartest du, dass ich dir sage, wie es mit deinem Leben weitergehen soll. Doch diese Frage kannst nur du dir beantworten." Marcel (spüren) _____18, dass sie Recht (haben) _____19, aber er (ärgern) _____20 sich auch. Aber wahrscheinlich (helfen) _____21 ihm ihre Worte.
Denn kurz danach (müssen) _____22 er mit seiner Katze zur Tierärztin – und ein Jahr später (heiraten) _____23 er sie!

Lebenslinien

Lesen

10 Schulden – und was jetzt?
a) Lesen Sie den Text und die Überschriften. Welche passt am besten?

A Schulden machen für eine Schauspielkarriere?
B Lars Mausemann* sitzt auf einem Schuldenberg
C Immobilien – eine sichere Altersvorsorge

Viele Freunde ahnten es schon seit Jahren, doch die Fans wissen es erst seit heute: Lars Mausemann*, der beliebte Fernsehstar und Schauspieler, ist bankrott: Schulden in Höhe von fast einer Million Euro! Immer wieder kommen den Fernsehzuschauern seine wunderbaren Rollen in Filmen und Serien, seine Auftritte in Fernsehshows und Konzerten in Erinnerung. Er ist ein guter Schauspieler und Musiker. Wie konnte es also dazu kommen, dass er so einen hohen Schuldenberg aufgehäuft hat? Die Antwort ist einfach: Schlechte Berater, die ihm windige Immobilienobjekte empfahlen. Anstatt etwas für die Altersvorsorge anzulegen, hat er nun sein Geld verloren. Wahrscheinlich wird er sein Haus verkaufen müssen und trotzdem noch Schulden haben. Freunde des Schauspielers haben ihm bereits Geld geschenkt und im Internet die Fans gebeten, für ihn zu spenden. Einige sind dem Aufruf gefolgt, aber er hat auch für heftige Kritik in den Foren gesorgt: „Schlechte Berater hin oder her – für seine Schulden ist jeder selbst verantwortlich und wenn Lieschen Müller von nebenan das Wasser bis zum Hals steht, dann spendet ihr auch niemand Geld."

Immer wieder liest man von Künstlern, die in die Schuldenfalle getappt sind. Aber sind sie nicht nur ein Spiegelbild einer Gesellschaft, in der jeder glaubt, sich alles sofort kaufen zu müssen und später bezahlen zu können? Banken und Geschäfte geben gern Kredite, weil sie gut daran verdienen – bis es dann eines Tages zu spät ist ...

* Name von der Redaktion geändert

b) Im Text finden Sie den passenden Ausdruck. Ergänzen Sie.

1. Wenn man seine Schulden nicht mehr bezahlen kann, ist man _____.
2. Man hat hohe Kredite aufgenommen und sitzt jetzt auf einem _____.
3. Man hat etwas gekauft, das seinen Preis nicht wert war. Das war ein _____ Geschäft.
4. Wenn ich mich um später kümmere, lege ich Geld für _____ an.

c) Steht das so im Text? Lesen Sie noch einmal und kreuzen Sie an.

	richtig	falsch
1. Lars Mausemann hat Geschäfte mit Häusern gemacht und kann jetzt seine Schulden nicht mehr bezahlen.	☐	☐
2. Zum Glück halfen ihm die Fans und spendeten eine Million Euro.	☐	☐
3. Auch ganz „normale" Menschen machen immer mehr Schulden.	☐	☐

Kommunikation

11 Würden Sie dem Schauspieler Geld spenden? Was ist Ihre Meinung? Ordnen Sie sich auf der Skala ein und schreiben Sie einen Kommentar.

> *Wenn seine Fans helfen wollen, können sie es doch gern tun.*

> *Warum sollten Fans die Millionen-Villa des Schauspielers finanzieren? Ich finde das unmöglich!*

12 Wo sehen Sie* sich in zehn Jahren? Schreiben Sie einen Text (ca. 200 Wörter). Nutzen Sie die Punkte.

- Was werden Sie beruflich machen?
- Wo und mit wem werden Sie wohnen?
- Wie werden Sie aussehen?
- Welche Hobbys werden Sie haben?

* Wenn Sie nicht über sich selbst schreiben möchten, schreiben Sie einen Text über einen Freund/eine Freundin oder eine/n Verwandte(n).

13 Ich wandere aus! Antworten Sie auf die Mail. Nutzen Sie die Punkte.

> Lieber Jens,
> wie du sicherlich weißt, habe ich meinen letzten Urlaub in Südamerika verbracht. Ich war dort so glücklich, dass ich beschlossen habe, nach Peru zu ziehen. Zum Glück kann ich auch von dort aus arbeiten (Internet macht's möglich ☺). Ich habe in der Nähe von Ica schon ein schönes Häuschen zur Miete gefunden und meine Eltern haben mir ihre Unterstützung versprochen. Ich hoffe, ihr werdet mich schon bald besuchen. Hin und wieder fliege ich sicher auch mal nach Hause. In der Zwischenzeit skypen wir, okay?
> Viele Grüße
> Joachim

- Sie sind sehr überrascht.
- Sie fragen nach der Sprache (Spanisch).
- Sie machen sich Sorgen, dass er keine Freunde und Bekannte hat.

14 Nachfragen. Welche Reaktion finden Sie richtig? Sprechen Sie Minidialoge und nehmen Sie sich auf.

◆ Meine Oma hat den Jackpot im Lotto gewonnen, 36 Millionen! ■ Was?! Ist das wahr?

Frau Nolte hat gekündigt und macht eine Weltreise.
Ulli hat gestern geheiratet.
Unser Sohn ist der beste Schüler in seiner Klasse.
Rita hat sich arbeitslos gemeldet.
Natascha ist schwanger.

> Ach, wirklich? • Bist du da auch ganz sicher? • Stimmt das? • Meinst du, das ist wirklich so? • Das ist doch nicht wahr, oder?

Das Ende der Mauer

Wortschatz

1 Geschichte und Politik. Sehen Sie sich die Fotos an und ordnen Sie die Wörter zu. Ergänzen Sie weitere.

die Botschaft • der/die Bürger/in • die Demonstration • der Druck • die Flucht • die Grenze • die Macht • die Revolution • die Zone • der Zweifel

die Demonstranten

die Mauer

2 Textpuzzle zur Geschichte.
a) Ordnen Sie jeder hellgrünen Karte eine dunkelgrüne zu. Dann schreiben Sie die Sätze in Ihr Heft.

1. Während die DDR-Regierung um das Image ihres Landes kämpfte,	2. Nachdem eine Massenflucht über Ungarn begann,	3. Die Lage war sehr ernst,
4. Walter Ulbricht sagte: „Niemand hat die Absicht, eine Mauer zu bauen",	5. Eine Mauer mitten durch Deutschland, mitten durch Berlin,	6. Doch es gab damals kaum Proteste und keine Demonstrationen,
7. denn die Bürger fühlten sich machtlos.	8. war die DDR für viele Westdeutsche einfach nur „die Ost-Zone".	9. machte sich das Regime Sorgen um seine Macht.
10. aber trotzdem wurde sie am 13. August 1961 Realität.	11. denn die DDR konnte an der Auswanderung der Bevölkerung scheitern.	12. die zu einer der am strengsten kontrollierten Grenzen der Welt wurde.

b) *Während die DDR-Regierung um das Image ihres Landes kämpfte, war die DDR ...*

3 Sagen Sie es anders. Ersetzen Sie die Teile, die unterstrichen sind und schreiben Sie den Satz neu. Benutzen Sie:

friedlich • gleichzeitig • ~~historisch~~ • kaum • offiziell • scheitern

Beispiel: Es war ein wichtiges Ereignis der Geschichte.
➥ Es war ein historisches Ereignis.

1. Während der Demonstration gab es keine Konflikte.
2. Die Demonstrationen gegen die DDR-Regierung und die Feierlichkeiten zum 40. Jahrestag der DDR fanden zur gleichen Zeit statt.
3. Die Regierung der Bunderepublik Deutschland konnte den Demonstranten fast gar nicht helfen, aber ein Radiosender aus Westberlin stellte Lautsprecherwagen an der Mauer auf.
4. Die DDR-Regierung wollte damals ihre Meinung zu den Protesten nicht offen äußern.
5. Nach 1991 meinten viele, dass das Projekt „Sozialistischer Staat" nicht funktioniert hat.

Grammatik

4 Nach dem Mauerbau. Markieren Sie die richtige Konjunktion und schreiben Sie Nebensätze wie im Beispiel.

Beispiel: Die Mauer wurde gebaut. Eine Flucht aus der DDR war fast unmöglich. (**nachdem** / dass / obwohl) ➥ Nachdem die Mauer gebaut wurde, war eine Flucht aus der DDR fast unmöglich.

1. Man hatte die Grenze geschlossen. Viele Familien wurden getrennt. (ob / wenn / nachdem)

2. Das Leben in der DDR kostete nicht viel. Im Westen wurde Geld immer wichtiger. (nachdem / während / obwohl)

3. In Ostberlin durfte man offiziell kein Westfernsehen schauen. Viele Ostberliner kannten die Stars aus der westlichen Welt. (während / ob / obwohl)

4. Die Grenze wurde geöffnet. Viele DDR-Bürger konnten zum ersten Mal in ihrem Leben ins Ausland reisen. (wenn / als / denn)

5. Die beiden deutschen Staaten wurden wiedervereinigt. In den Osten des Landes hat man viel Geld investiert. (seit / wenn / als)

6. Deutschland ist seit über 20 Jahren wieder ein Land. Es gibt noch viele Unterschiede zwischen Ost und West. (weil / obwohl / während)

Das Ende der Mauer

5 Vera hält bald ihren ersten Vortrag. Sehen Sie sich die Symbole an und beginnen Sie die Sätze mit der passenden Präposition.

vor   nach   während   seit

> **Tipp**
> **Vor**, **seit** und **nach** *mit Dativ:*
> *Vor dem Vortrag war sie nervös, ...*
> *Aber* **während** *mit Genitiv:*
> *...während des Vortrags ganz ruhig.*

1. 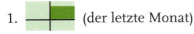 (der letzte Monat)
   _____ bereitet sich Vera auf ihren Vortrag für die Konferenz vor.

2. 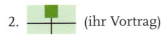 (ihr Vortrag)
   _____ möchte sie auch gern Bilder zeigen.

3. Das heißt, dass sie (der Beginn) _____ der Präsentation die Technik testen muss.

4. 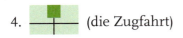 (die Zugfahrt)
   _____ zur Konferenz sortiert Vera ihre Kopien, die sie
   (die Veranstaltung) _____ an die Teilnehmer verteilen wird.

6 Der Tränenpalast.
a) Wiederholung Adjektive. Zu welchem Nomen passt welches Adjektiv am besten? Ordnen Sie zu.

1. ein Bahnhof • 2. den Westen • 3. ein Gebäude • 4. mehrere Kontrollen • 5. Grenzbeamten • 6. viele Erinnerungen • 7. der Betonbau • 8. zu seinem Namen • 9. der Krieg • 10. Gefühle • 11. Künstler • 12. Konzerte

a) bedeutungsvoll • b) berühmt • c) blaugrau • d) eher klein • e) „golden" • f) groß • g) kalt • h) modern • i) persönlich • j) streng • k) unfreundlich • l) zahlreich

b) Markieren Sie im Text die Nomen aus a). Dann schreiben Sie den Text mit den passenden Adjektiven in Ihr Heft. Achten Sie auf die Endungen.

> **Berlin, Bahnhof Friedrichstraße** Ein Bahnhof mitten in der Stadt – und ein Grenzübergang. Zu DDR-Zeiten haben hier Millionen Menschen die Grenze zwischen Ost-und Westberlin überquert. Vor allem Tagesbesucher aus Westberlin, aber auch Rentner aus dem Osten, die den Westen besuchen durften. Für diesen Zweck wurde 1962 direkt neben der Bahnstation ein Ge-
> 5 bäude gebaut: der Tränenpalast. Wer von der einen Stadthälfte in die andere fahren durfte, musste sich hier durch ein Labyrinth von Gängen kämpfen und mehrere Kontrollen von Grenzbeamten ertragen. Noch heute werden mit diesem Ort viele Erinnerungen und Emotionen verbunden: Abschied und Sehnsucht, Hoffnung und Verzweiflung, Freude und Angst. So kam der Betonbau zu seinem Namen. Hier erlebten die Deutschen aus Ost und West, wie stark der
> 10 Krieg ihr Leben prägte.
> Doch dann kam die Wende und am 2. Juli 1990 feierten die Berliner die erste Fahrt einer S-Bahn von Ost nach West über den Bahnhof Friedrichstraße. Heute kann man im Tränenpalast noch immer Gefühle erleben: Viele Künstler geben hier jedes Jahr Konzerte.

Lesen

7 Das Ende einer ganz persönlichen Mauer.
a) Lesen Sie die Überschrift und sehen Sie sich die Zeichnung an. Was könnte das Thema sein? Notieren Sie Ihre Vermutung.

Die Geschichte einer Trennung

1954 war Anneliese Roth 17 Jahre alt und verliebte sich in einen Mann aus dem Nachbarort. Sie heiratete ihn und zog zu ihm in den Westen. Denn das Haus ihrer Eltern befand sich genau an der Grenze zwischen der DDR und der BRD, am Fluss Werra, im Dorf Wahlhausen. Es war ein altes Bauernhaus mit einem schönen großen Grundstück[1] direkt am Fluss. Aber als die Grenze geschlossen wurde, nahm der Staat einen Teil des Grundstücks, das direkt am Flussufer lag, der Familie einfach weg. Das war aber noch nicht das Schlimmste. Die Eltern von Anneliese Roth durften sie und ihre Schwester Ilse, die auch im Westen lebte, nicht mehr besuchen. Wenn die jungen Frauen zu Besuch kamen, hatten sie Angst, irgendwann nicht mehr aus der DDR herauszukommen. Und eines Tages wurden sie tatsächlich verhaftet[2], saßen zwei Tage in einem dunklen kalten Raum, ohne zu wissen, was passieren würde. Ihnen wurde immer wieder gesagt, sie sollten nicht mehr in den Westen zurückgehen. Doch die Mädchen sagten immer wieder „Nein" und kamen nach zwei Tagen frei.

Als Anneliese etwas später Kinder bekam, reiste sie mit ihnen nicht in die DDR, weil sie es zu gefährlich fand. Deshalb ging die Familie manchmal ganz nah an die Grenze heran, um die Oma von der Westseite aus zu sehen. Die alte Frau durfte zu ihren Kindern und Enkelkindern kein Wort sagen, nicht einmal winken durfte sie. Sie ging aus dem Haus, arbeitete im Garten und hoffte, so ihre Enkel zu sehen. Eines Tages haben die Kleinen sie gesehen und gerufen: „Oma Frieda!" Danach haben die Grenzsoldaten sogar alle Fenster, von denen man zur Grenze sehen konnte, mit Holzbrettern vernagelt.
Nach der Wende besuchte Anneliese ihre Mutter noch oft. Heute, nach ihrem Tod, ist das Haus verkauft und die neuen Besitzer haben ein Café eröffnet.

1: das Grundstück = Land, Bodenbesitz   2: jdn verhaften = die Polizei nimmt jdn mit

b) Lesen Sie den Text und kreuzen Sie die richtige Aussage an.

1. Als Anneliese Roth 17 Jahre alt war,
a) ☐ lebte sie in der BRD und verliebte sich in einen Mann aus der DDR.
b) ☐ zog sie mit ihren Eltern in den Westen und verliebte sich.
c) ☐ lebte sie in der DDR und verliebte sich in einen Mann aus der BRD.

2. Als die Mauer gebaut wurde,
a) ☐ verloren die Eltern einen Teil ihres Besitzes und konnten nicht mehr zu ihren Töchtern.
b) ☐ konnten die Töchter ihre Eltern nicht mehr besuchen.
c) ☐ bekam Anneliese ein Kind.

3. Anneliese wollte mit Ihren Kindern nicht zu den Großeltern, weil
a) ☐ die Grenzkontrollen für die Kinder nicht gut waren.
b) ☐ sie Angst hatte, dass sie wieder Ärger mit der Polizei der DDR bekommen könnte.
c) ☐ weil sie sich mit ihnen gestritten hatte.

4. Sofort nach der Wende
a) ☐ wurde das Haus an Westdeutsche verkauft und zu einem Café gemacht.
b) ☐ ist die Mutter von Anneliese gestorben.
c) ☐ hatte die Oma noch häufig Kontakt zu ihren Enkelkindern.

c) Schreiben Sie eine Zusammenfassung. Die Aussagen aus b) helfen Ihnen.

Das Ende der Mauer

8 Ein wichtiger Schritt zur Wiedervereinigung.
a) Lesen Sie den Text schnell und ergänzen Sie die passende Überschrift.

Zu viele Parteien in der DDR-Volkskammer
Trotz der Demonstrationen keine freien Wahlen möglich
Die erste freie Wahl in der DDR

Erstmals seit 40 Jahren konnten die DDR-Bürger am 18. März 1990 frei wählen. Der Tag markierte das Ende der SED-Herrschaft und war ein wichtiger Schritt zur Wiedervereinigung. Die insgesamt 12,4 Millionen wahlberechtigten Bürger in der DDR konnten sich am 18. März 1990 zwischen 19 Parteien und fünf Listenverbindungen entscheiden. Die Wahlbeteiligung lag bei der ersten und gleichzeitig letzten freien Volkskammerwahl bei 93,4 Prozent.
Auf die CDU und den Demokratischen Aufbruch (DA) entfielen 41,7 Prozent der Stimmen, auf die SPD 21,9, auf die Deutsche Soziale Union 6,3, auf die Liberalen 5,9 und auf die ehemalige Sozialistische Einheitspartei SED, die sich inzwischen in Partei des Demokratischen Sozialismus (PDS) umbenannt hatte, 16,4 Prozent der Stimmen. Das wurde als klares Signal für eine schnelle Wiedervereinigung verstanden. Lothar de Maizière trat an die Spitze einer Koalition aus CDU, DSU, DA, SPD und FDP. Mit ihm vereinbarte die Regierung der BRD unter dem Kanzler Helmut Kohl einen Fahrplan für eine Wirtschafts-, Währungs- und Sozialunion zum 1. Juli 1990. Im August 1990 sprach sich die DDR-Volkskammer für den schnellstmöglichen Beitritt zum Geltungsbereich des Grundgesetzes der Bundesrepublik Deutschland aus. Der Einigungsvertrag vom 31. August sah vor, dass die fünf neu gebildeten Länder Brandenburg, Mecklenburg-Vorpommern, Sachsen, Sachsen-Anhalt und Thüringen Länder der Bundesrepublik Deutschland werden.

Quelle: Bundeszentrale für politische Bildung: Erste freie Volkskammerwahl (17.03.2010)

b) Lesen Sie den Text noch einmal und tragen Sie die Parteien in die Grafik ein.

- _____ 41,7 %
- _____ 21,9 %
- _____ 16,4 %
- _____ 6,3 %
- _____ 5,9 %

Wahlbeteiligung: 93,4 Prozent

c) Wie geht der Satz weiter? Kreuzen Sie an: a oder b?

1. Vor der Wiedervereinigung
   a) ☐ konnten die DDR-Bürger nicht frei wählen.
   b) ☐ waren Wahlen von der SED verboten.
2. Die erste freie Wahl in der DDR
   a) ☐ spielte keine Rolle für die Wiedervereinigung.
   b) ☐ war für die Vorbereitung der Einheit wichtig.
3. 93,4 Prozent der DDR-Bürger sind
   a) ☐ nicht zur Wahl gegangen.
   b) ☐ zur Wahl gegangen.
4. Die erste Regierung bildeten
   a) ☐ die PDS und die CDU.
   b) ☐ die CDU/DA, die SPD und drei andere Parteien.

9 Wie ist der Text geschrieben? Und woran kann man das erkennen? Kreuzen Sie an.

☐ sachlich ☐ emotional ☐ humorvoll

1. ☐ Es gibt viele Zahlen.
2. ☐ Der Text beschreibt die Gefühle der Menschen.
3. ☐ Der Text zählt viele Fakten auf.
4. ☐ Der Autor des Textes äußert seine Meinung über die Ereignisse.

Kommunikation

10 Bertolt Brecht: eine Biografie.
Schreiben Sie mit den Stichwörtern einen Text.

1898 als Eugen Berthold Friedrich Brecht in Augsburg geboren
1917 Notabitur im Ersten Weltkrieg
1918 er wird Soldat
1922 sein erstes Stück „Trommeln in der Nacht" wird in München aufgeführt
1924 Umzug nach Berlin, arbeitet am Deutschen Theater, Dreigroschenoper (1928)
1929 Heirat mit Schauspielerin Helene Weigel (3 Kinder)
1933 verlässt mit seiner Familie Deutschland, lebt in verschiedenen Ländern Europas
1941 19. April: Premiere von „Mutter Courage und ihre Kinder" in Zürich, zieht in die USA
1949 Rückkehr nach Ostberlin, arbeitet als Theaterleiter
1951 Nationalpreis der DDR
1953 distanziert sich von der SED
1956 Tod durch Herzinfarkt

*Bertolt Brecht wurde ... Sein ganzer Name war ...
Mit 19 Jahren machte er ... / ein Jahr später ging
er ... / nach vier Jahren ...*

11 Sie haben das Museum am Checkpoint Charlie in Berlin besucht und erzählen einem Freund davon. Wählen Sie aus den Informationen aus und schreiben Sie eine E-Mail.

Unsere Themen
BERLIN – Von der Frontstadt zur Brücke Europas
DER VOLKSAUFSTAND 17. Juni 1953
DIE MAUER – Vom 13. August bis zu ihrem Fall
Es geschah am CHECKPOINT CHARLIE
FLUCHT macht erfinderisch
Maler interpretieren DIE MAUER

Flucht macht erfinderisch
Über 5.000 Menschen gelang zwischen 1961 und 1989 die Flucht über die Berliner Mauer. Sie nutzten dabei oft sehr originelle Mittel: umgebaute Autos, eine Musik-Box, einen Heißluftballon ...

Fakten über die Mauer (im Juli 1989)
Der „Ring um Berlin":
– Gesamtlänge   155 km
– Höhe   3,6 m
– Material   Stahlbeton
– Anzahl der Wachtürme 302

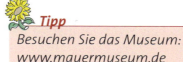
Tipp
Besuchen Sie das Museum:
www.mauermuseum.de

Produktwege

Wortschatz

1 Was ist gemeint: Produkt oder Produktion? Ordnen Sie zu. Unterstreichen Sie in den Texten die Stellen, die Ihnen bei der Lösung geholfen haben.

Produkt: ☐   Produktion: ☐

 In unserem Werk werden 20.000 Autos im Jahr hergestellt. Wir haben die modernste Technik und sehr gute Arbeitsbedingungen für unser Personal. Bei unseren Arbeitsprozessen sind uns Maßnahmen zum Schutz der Umwelt sehr wichtig.

A

 Unsere Autos sind durch ihr modernes Design ein echter Hingucker. Sie sind zuverlässig, denn sie durchlaufen eine strenge Qualitätskontrolle. Gleichzeitig überzeugen sie unsere Kunden durch einen äußerst attraktiven Preis.

B

2 Wer zahlt den wahren Preis der Billigkleidung?
a) Lesen Sie und beantworten Sie die Frage.

Das Prinzip Sumangali

Ein T-Shirt aus Baumwolle für drei Euro oder ein Badeanzug für nur fünf Euro? Das kennt man von Discountern, die ihre Kunden vor allem mit besonders günstigen Preisen zu überzeugen versuchen. Die Qualität der Produkte ist oftmals nicht schlechter als in anderen Geschäften. Aber wie ist es möglich, so billig zu verkaufen?
Ganz einfach: Die Kleidung wird aus Ländern importiert, in denen man so billig wie möglich produziert. Beispiel Indien, hier gibt es das das Prinzip „Sumangali" (übersetzt „glückliche Braut"), das heißt, Mädchen werden von ihren Familien für vier Jahre als Arbeiterinnen in eine Fabrik geschickt. Sie bekommen ca. 85 Cent am Tag, das liegt auch in Indien unter dem vorgeschriebenen Mindestlohn. Am Ende der vier Jahre sollen sie einen „Bonus" zwischen 800 und 1300 Euro bekommen, das „Brautgeld", das die Familie zahlt, wenn das Mädchen heiratet. Die Arbeitsbedingungen sind unmenschlich: Das Essen ist schlecht und wenn die Mädchen krank werden oder einen Unfall haben, werden sie nicht versorgt, sondern auf die Straße geschickt. Den Bonus gibt es dann natürlich nicht. Es werden keine Vorschriften zum Schutz der Arbeiterinnen beachtet, sondern nur Verbote aufgestellt. Die jungen Frauen dürfen zum Beispiel das Gelände, auf dem die Fabrik steht, nicht verlassen. Tirupui in Südindien ist ein Zentrum der Textilproduktion. So gut wie alle Modefirmen lassen hier produzieren. Sie sagen, ihre Nähfabriken werden überwacht und halten sich an die Vorschriften. Das heißt aber nicht, dass das auch für die Stoffe gilt, die sie einkaufen und wo niemand so genau hinschaut, unter welchen Bedingungen sie produziert werden.

13

b) Was heißt das? Ordnen Sie die markierten Wörter aus dem Text der Erklärung zu.

1. man sollte sie beachten: _die Vorschriften_
2. billig: _____
3. daraus macht man Stoff: _____
4. ins Land bringen: _____
5. jdn verletzt sich, hat einen _____
6. was man nicht darf: _____
7. wenn keiner darauf achtet, wie etwas ist: _____
8. ein Gebäude, in dem gearbeitet wird: _____
9. wie gut oder schlecht etwas ist: _____
10. hier wird sehr viel Kleidung hergestellt: _____
11. das muss für eine Arbeit laut Gesetz gezahlt werden: _____

3 Was passt zusammen? Verbinden Sie.

1. fünf Mitarbeiter in Vollzeit
2. die Arbeitsbedingungen technisch stark
3. Baumwolle aus Kenia nach Europa
4. den jährlichen Umsatz auf ca. drei Millionen
5. die Verbraucher zum Protest
6. das Konzept für seine neue Website selbst
7. den Lohn für seine Mitarbeiter um 150 Euro
8. keine Veränderungen
9. den bestellten Artikel

a) akzeptieren
b) ungeöffnet zurückschicken
c) entwickeln
d) beschäftigen
e) importieren
f) auffordern
g) verbessern
h) schätzen
i) erhöhen

4 Was passt nicht? Streichen Sie durch.

1. Kleidung: der Faden das Leder der Sand die Baumwolle
2. online: bestellen verbessern bewerten bezahlen
3. Arbeitsbedingungen: die Fabrik die Mehrarbeit der Lohn der Umsatz
4. Preis: schick preiswert billig günstig
5. Kaufhaus: die Umkleidekabine der Container der Artikel die Auswahl
6. Strand: die Strumpfhose der Sand der Bikini die Badehose
7. Kritik: auffordern akzeptieren importieren beachten
8. Gewinn schätzen einstellen beteiligen erhöhen

5 Verlorene Vorsilben. Womit beginnen die Wörter?

1. Waren ____ stellen
2. die Wirkung genau ____ suchen
3. die Mitarbeiter am Umsatz ____ teilen
4. die Arbeitsbedingungen ____ bessern
5. die Arbeitgeber zu mehr Lohn ____ fordern
6. mehr Personal ____ stellen
7. nicht genau ____ schauen wollen
8. das Symbol nicht ____ kennen

Produktwege

Grammatik

6 Die Kleiderfirma „Stoffwunder" beschreibt ihre Vorteile. Schreiben Sie Sätze mit *nicht ... sondern* wie im Beispiel.

Beispiel: unsere Produkte aus Kunststoffe machen / alles aus Baumwolle herstellen
➤ Wir machen unsere Produkte nicht aus Kunststoff, sondern wir stellen alles aus Baumwolle her.

1. immer nach denselben Modellen nähen / jedes Jahr neue Designs entwickeln
2. die Stoffe aus dem Ausland importieren / sie in unserem Land kaufen
3. sich so schnell zufrieden geben / versuchen, unsere Qualität ständig zu verbessern
4. nur die beliebtesten Modelle anbieten / eine große Auswahl haben
5. unseren Mitarbeiten immer den gleichen Lohn zahlen / sie finanziell am Erfolg beteiligen

7 Was können wir tun, um mehr Kunden zu gewinnen? Wiederholung: Sätze mit *um ... zu ...* Schreiben Sie wie im Beispiel.

Beispiel: mehr neue Produkte entwickeln / attraktive Waren anbieten
➤ Wir müssen mehr neue Produkte entwickeln, um attraktive Waren anzubieten.

1. die Produktion erhöhen / die Umsätze steigern
2. die Qualität verbessern / die Produkte leichter verkaufen können
3. mehr Werbung machen / die Kunden besser informieren
4. neue Filialen eröffnen / mehr Produkte direkt verkaufen
5. eine Telefon-Hotline aufmachen / die Fragen der Kunden beantworten
6. die Versandkosten streichen / das Online-Angebot attraktiver machen

8 Familie Rettich lebt jetzt auf einem Bauernhof. Herr Rettich erzählt.
a) Schreiben Sie seine Sätze ins Passiv.

„Auf dem Hof stellen wir alle Lebensmittel selbst her. Nur das Brot kaufen wir bei einer Bio-Bäckerei. Im Supermarkt kaufen wir gar nicht mehr ein. Hinter dem Haus halten wir Hühner. Vor dem Haus züchten wir Bienen und produzieren Honig. Im Garten pflanzen wir Obst und Gemüse. Und hier baue ich bald einen neuen Stall."

Auf dem Hof werden alle Lebensmittel selbst hergestellt. Nur das Brot wird ...

b) Aber es gibt noch mehr zu tun.
Schreiben Sie Sätze mit Modalverben wie im Beispiel.

Beispiel: Wir müssen den Hühnerstall renovieren.
➤ Der Hühnerstall muss renoviert werden.

1. Bald können wir das Obst und Gemüse ernten.
2. Zweimal am Tag müssen wir unsere Hühner füttern.
3. Man darf die Tiere nicht immer im Stall halten.
4. Deshalb muss man sie im Frühling und Sommer auf die Wiese schicken.
5. Im Herbst müssen wir unsere Bienen auf den Winter vorbereiten.

9 Etwas selbst tun? „Nie im Leben!", sagt Herr Faulpelz und lässt andere arbeiten. Wiederholung: Sätze mit *lassen* und n-Deklination. Schreiben Sie die Sätze um. „Wer" hat keine n-Deklination?

1. Der Kaffee muss gekocht werden.
2. Die neuen Stoffe können aus dem Lager abgeholt werden.
3. Die Baumwolle muss ausgepackt werden.
4. Die Rechnungen sollten überprüft werden.
5. Die Kunden wollen angerufen werden.

➤ der Praktikant
➤ der Kollege
➤ der Student
➤ die Sekretärin
➤ der Assistent

Er lässt den Praktikanten den Kaffee kochen.

10 Arbeitsbedingungen beim Versandhandel. Wiederholung: Verben mit Präpositionen. Ergänzen Sie den Text, achten Sie auf die Verbform.

achten auf • arbeiten an • berichten über • denken an • (sich) entscheiden für/gegen • (sich) erinnern an • (sich) freuen über • (sich) interessieren für • warten auf

In den Medien wird immer mehr _über_ die Arbeitsbedingungen in den Herkunftsländern der Billigprodukte _____¹. Aber die Journalisten _____ sich auch _____² die Menschen, die in Europa für große Versandhäuser arbeiten. _____ das, was in ihren Reportagen gezeigt wird, kann man sich als Kunde auch nicht unbedingt _____³. Die Arbeitgeber _____ meistens nur _____ die Möglichkeiten, ihren Gewinn zu erhöhen und nicht _____⁴ ihre Mitarbeiter. Der junge Reporter Karl Schmitz hat drei Tage bei einer solchen Firma gearbeitet und _____ sich _____⁵ dreckige Toiletten, überfüllte Umkleidekabinen und schlechte Luft. _____ die Produktivität der Mitarbeiter wird ständig _____⁶. Wenn sie zu langsam sind, sind die Chefs unzufrieden. Die Unternehmen haben nach diesen Berichten zugegeben, dass es Fehler gegeben hat. Sie wollen _____ der Verbesserung der Arbeitsbedingungen _____⁷. Hoffentlich müssen die Mitarbeiter nicht zu lange _____ diese Veränderungen _____⁸. Als Kunde kann man sich natürlich _____ oder gegen den Versandhandel _____⁹, aber wird das Problem so gelöst?

Produktwege

Lesen

11 Lesen Sie den Text. Was ist die wichtigste Aussage?

a) ☐ Fleisch ist ungesund, man sollte mehr Obst und Gemüse importieren.
b) ☐ Die Verbraucher sollten Lebensmittel aus ihrer Heimat kaufen.
c) ☐ Lange Transportwege verschlechtern die Qualität von Obst und Gemüse.

Umweltbewusst essen?

Woher kommen die Lebensmittel, die wir essen? Äpfel aus Neuseeland, Fleisch aus Argentinien, Erdbeeren aus Spanien ... das ist Alltag in unseren Supermarktregalen. Aber lange Transportwege belasten die Umwelt und fördern den Klimawandel. Prinzessbohnchen aus Kenia zum Beispiel finden nur per Flugzeug den Weg zu einem Gemüsestand in D A CH. Der Transport
5 durch die Luft verursacht je Tonne Lebensmittel und Kilometer bis zu 220 Mal mehr Treibhausgase als der Schiffstransport und bis zu 15 Mal mehr als der Transport per Lkw. Man kann also sagen: Die Länge des Weges, die ein Produkt zurücklegt, bis es auf Ihrem Teller landet, hat direkten Einfluss auf die Umwelt. Auch die Art des Anbaus spielt eine Rolle: Die Produktion im Gewächshaus
10 verbraucht bis zu 30 Mal mehr Energie als Freilandgemüse. Auch Obst aus der Dose oder Tiefkühlgemüse verursachen deutlich mehr Treibhausgase als frische, unverarbeitete Ware aus der Region. Und: Wenn wir anstatt immer mehr Fleisch wieder mehr Gemüse essen, hilft auch das der Umwelt. Denn die Produktion eines Kilos Rindfleisch verursacht
15 13 Kilogramm Kohlendioxid, ein Kilo Bohnen dagegen nur 150 Gramm. Kommen diese Bohnen dann auch noch aus biologischem Anbau, wird die Klimabilanz noch besser, denn sie werden ohne künstliche Dünger, bei deren Produktion viel Energie verbraucht wird, angebaut. Darauf zu achten, wo unsere Lebensmittel herkommen, ist nicht nur für die Umwelt gut: Die Produkte aus der Heimat schmecken oft besser und sind gesünder, weil sie nicht lange gelagert
20 und für den Transport nicht extra chemisch behandelt werden müssen. Äpfel, Birnen, Feldsalat, Grünkohl oder Spargel – heimisches Obst und Gemüse sorgt für tägliche Abwechslung auf dem Speiseplan. Aber wo kann man regionale Lebensmittel kaufen? Zum Beispiel in Hofläden oder auf Wochenmärkten. Aber fragen Sie die Händler nach der Herkunft der Produkte, denn manchmal
25 wird auch Ware aus dem Ausland zugekauft! Auch viele Bäcker oder Metzger und Lebensmittelhändler bieten Regionales an. Adressen für Lebensmittel aus Ihrer Region finden Sie im Internet.

12 Lesen Sie den Text noch einmal. Was ist richtig und wo finden Sie diese Aussage im Text?

	richtig	Zeile
1. Alle Lebensmittel müssen heute lange Transportwege zurücklegen.	☐	___
2. Der Transport mit dem Flugzeug ist besonders schlecht für die Umwelt.	☐	___
3. Wie etwas angebaut wird, ist nur für die Qualität wichtig.	☐	___
4. Frische Lebensmittel verbrauchen weniger Energie.	☐	___
5. Gemüse essen ist umweltfreundlicher als Fleisch essen.	☐	___
6. Obst und Gemüse nur aus Deutschland ist langweilig.	☐	___
7. Auf Märkten gibt es nicht nur Produkte aus der Region.	☐	___
8. Man soll sein Obst und Gemüse im Internet bestellen.	☐	___

Kommunikation

13 Eine Reklamation schreiben. Nutzen Sie die Punkte.

Sie haben bei der Firma *Anna-Versand* im Internet Geschirr bestellt, aber es gab Probleme:

– Sie schicken die Ware zurück, aber Sie haben schon bezahlt.
– Die Lieferung ist eine Woche zu spät gekommen.
– Das Geschirr sieht ganz anders als auf dem Foto aus.
– Zwei Teller waren kaputt.

14 Eine Bewertung schreiben. Ergänzen Sie den Text. Nutzen Sie die Punkte.

Sie haben online einen Fernseher gekauft und sind sehr zufrieden. Schreiben Sie einen Kommentar auf der Website.

– tolles Bild, hohe Qualität
– guter Preis
– einfache Bedienung
– schnelle Lieferung

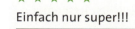

Einfach nur super!!!

Freitag, den 04.05.2012 von **JensG**
Ich habe mir den Java XL 5000 bei selva gekauft und …

15 Sie und Ihre Kollegen haben genug von schlechten Arbeitsbedingungen und niedrigem Lohn. Sie demonstrieren. Da kommt die Presse und fragt nach den Forderungen der Angestellten. Schreiben Sie die Antworten.

Die Löhne müssen ab sofort erhöht werden.

16 Ihre Meinung ist gefragt. Lesen Sie den Text und formulieren Sie Ihre Meinung dazu. Schreiben Sie einen Text (ca. 100 Wörter).

Sonja und Silke, zwei Studentinnen aus Hamburg, wollen sich dafür engagieren, dass nicht mehr so viele Ressourcen für die Herstellung von Kleidung benötigt werden. Deshalb haben sie eine Plattform zum Online-Kleidertausch entwickelt. Die Idee ist gut angekommen. Seit drei Jahren gibt es die Plattform schon und vor einer Woche wurde das millionste Kleidungsstück hochgeladen.

Finden Sie die Idee richtig?
Würden Sie so ein Angebot nutzen?

Unter einem D A CH

Wortschatz

1 Alles Walzer. Ergänzen Sie die Anzeige.

Angebot • beibringen • Damen • Erlebnis • ermöglicht • Generationen • Saison • Tanzschule • Tradition

Alles Walzer – Tag der offenen Tür in Wiens beliebtester _____¹

Die _____² ist eröffnet! Auch Sie wollen heuer auf einem der vielen Bälle tanzen, aber mit dem Walzer klappt es noch nicht? Wir _____ Ihnen den österreichischen Gesellschaftstanz gerne _____³. Dann wird der Ballbesuch garantiert zu einem unvergesslichen _____⁴!

Die Tanzschule wird von uns seit drei _____⁵ geführt. Wir pflegen nicht nur die _____⁶ der Opernstadt, sondern sind auch offen für alles Neue. Ein Tanzkurs _____⁷ Ihnen intensive Zeit zu zweit, macht Spaß und ist auch noch gesund! Probieren Sie es aus und besuchen Sie uns am 24. September im Herzen von Wien. Unser besonderes _____⁸: Bei Anmeldung zu einem Kurs zahlen die _____⁹ 20 Prozent weniger.

2 Welches Land in Europa ist das? Ergänzen Sie den Steckbrief.

Nachbarländer • Einwohnerzahl • bekannte Namen • Hauptstadt • Landessprachen • Politisches • Produkte • Geografisches

Name:	
_____ :	Madrid
_____ :	Kastilisch, Katalanisch, Galicisch, Baskisch, Aranesisch
_____ :	47,2 Millionen
_____ :	Parlamentarische Monarchie, 17 Autonome Gemeinschaften
_____ :	Portugal, Frankreich, Andorra
_____ :	viele Inseln (Balearen, Kanaren), höchster Berg: Teide
_____ :	Miguel Cervantes, Antonio Banderas, Penelope Cruz
_____ :	Schinken, Wein, Keramikfliesen

3 D A CH-Quiz. Wissen Sie es noch? Kreuzen Sie an.

1. Wie heißen Teile der Bundesrepublik Deutschland?
   A ☐ Kantone   B ☐ Bundesstaaten
   C ☐ Nachbarländer   D ☐ Bundesländer

2. In welchem Land ist Italienisch Landessprache?
   A ☐ In Deutschland   B ☐ In der Schweiz
   C ☐ In Österreich   D ☐ In Spanien

3. Was bedeutet das Wort „heuer"?
   A ☐ dieses Jahr   B ☐ gestern   C ☐ heute

4 Was heißt das: a oder b? Kreuzen Sie an.

1. Unsere Veranstaltungen sind sehr gefragt.
   a) ☐ Alle fragen, was wir machen.
   b) ☐ Die Kunden mögen das, was wir machen.

2. Jetzt ist unser Ehrgeiz erwacht, noch besser zu sein als die Konkurrenz.
   a) ☐ Wir müssen uns keine Sorgen mehr um die Konkurrenz machen.
   b) ☐ Jetzt wollen wir noch mehr tun, um noch besser zu sein.

3. Der Chef drängt, er will neue Ideen sehen.
   a) ☐ Er ist ungeduldig.
   b) ☐ Er ist neugierig.

4. Ich bin für die Organisation des neuen Programms verantwortlich.
   a) ☐ Die Organisation des neuen Programms ist meine Aufgabe.
   b) ☐ Ich stelle viele Fragen zum neuen Programm.

5. Mir wurde schnell klar, dass der Saal für diesen Ball viel zu klein ist.
   a) ☐ Ich musste schnell einen kleinen Saal mieten.
   b) ☐ Ich habe bald gemerkt, dass der Saal zu klein ist.

6. ‹ Ich bin ratlos.
   a) ☐ Ich weiß nicht, was ich tun soll.
   b) ☐ Ich kann einen Rat geben.

7. ▎ Gib nicht so schnell auf!
   a) ☐ Gib mir schnell etwas!
   b) ☐ Mach weiter, du schaffst das.

8. Aber die Karten für den Silvesterball sind schon lange ausverkauft.
   a) ☐ Die Karten werden noch lange verkauft.
   b) ☐ Es gibt keine Karten mehr.

5 Aus 1 mach 2: *Nämlich* statt *weil*. Schreiben Sie zwei Hauptsätze wie im Beispiel. Dann lesen Sie die Sätze laut.

Beispiel: Im Dezember fährt Maria nach Wien, weil sie eine Freundin besuchen möchte.
→ Im Dezember fährt Maria nach Wien. Sie möchte nämlich eine Freundin besuchen.

1. Sie fährt mit der Bahn, weil sie Angst vor dem Fliegen hat.
2. Außerdem fährt sie lieber mit dem Zug, weil sie dort auch arbeiten kann.
3. Der Strom für den Computer ist kein Problem, weil es im ICE Steckdosen gibt.

Unter einem D A CH

Grammatik

6 Mozart – ein Weltstar aus Österreich.

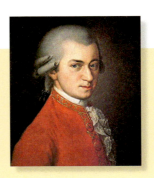

Der Komponist Wolfgang Amadeus Mozart wurde 1756 in Salzburg geboren. Er wurde nur 35 Jahre alt. Er besuchte nie eine Schule, sondern wurde schon früh von seinem Vater ausgebildet. Mit drei Jahren konnte er bereits Klavier spielen, mit fünf Jahren komponierte er und gab sein erstes Klavierkonzert. Mozart war in seinem kurzen Leben äußerst produktiv: Er schrieb über 50 Sinfonien, 28 Konzerte für Klavier oder Violine, viele Musikstücke und eine ganze Reihe großer Opern. Viele bezeichnen ihn als das größte Musikgenie aller Zeiten. Bis heute weiß man nicht, woran Mozart gestorben ist.

a) Schreiben Sie Sätze mit *nicht nur ..., sondern auch* wie im Beispiel.

Beispiel: Mozart ist in seiner Heimat Österreich berühmt / im Rest der Welt.
➞ Mozart ist nicht nur in seiner Heimat Österreich berühmt, sondern auch im Rest der Welt.

1. Schon als Kind spielte Mozart in Österreich / in Deutschland
2. Mozart trat vor Kaiser Franz und Maria Theresia auf / vor dem Dichter Goethe
3. Mozart reiste oft nach Deutschland / nach Italien
4. Außerdem war er in Paris / in Prag
5. Er schrieb große Opern / Lieder, Konzerte und Sinfonien

b) *Trotz* + Genitiv. Was passt zusammen? Verbinden Sie, bilden Sie den Genitiv und schreiben Sie die Sätze.

Trotz
- sein kurzes Leben — spielte er 1762 vor dem Kaiser.
- sein junges Alter — bekam er nie eine Stelle in Italien.
- sein gutes Einkommen — schrieb er sehr viele Werke.
- die viele Arbeit — bekam er mit seiner Frau Constanze 6 Kinder.
- das große Talent — starb er in Armut.

Trotz seines jungen Alters ...

c) Wiederholung: Nebensätze mit *obwohl*. Schreiben Sie die Sätze aus b) wie im Beispiel um. Benutzen Sie *war* und *hatte*.

Beispiel: Obwohl Mozart so jung war, spielte er 1762 vor dem Kaiser.

7 Spezialitäten aus D A CH und ihre Eigenschaften. *Trotz* oder *wegen*? Ordnen Sie zu.
A = Wegen   B = Trotz

1. a) ☐ ihrer vielen Käsesorten ist die Schweiz ein Paradies für Käseliebhaber.
   b) ☐ der großen Vielfalt essen die meisten Menschen nur ihre zwei bis drei Lieblingssorten.

2. a) ☐ des deutschen „Reinheitsgebots" wird das deutsche Bier ohne Zusatzstoffe hergestellt.
   b) ☐ seiner natürlichen Zutaten ist das Bier nur gesund, wenn man nicht zu viel davon trinkt.

3. a) ☐ der schönen Tradition der Wiener Kaffeehäuser ist Kaffee in Österreich ein beliebtes Getränk.
   b) ☐ der vielen Kaffeehäuser in Österreich wird in Deutschland mehr Kaffee getrunken.

4. a) ☐ seiner langen Haltbarkeit hat Sauerkraut viel Vitamin C.
   b) ☐ seiner langen Haltbarkeit war Sauerkraut früher oft auf Schiffsfahrten mit an Bord.

8 Eine Schauspielerin in D A CH.
Wiederholung: Relativsätze. Schreiben Sie Sätze wie im Beispiel.

Beispiel: Liselotte Pulver ist eine deutschsprachige Schauspielerin. – Sie kommt aus der Schweiz.
➤ Liselotte Pulver ist eine deutschsprachige Schauspielerin, die aus der Schweiz kommt.

1. Ab Mitte der 50er-Jahre wurde sie vor allem in der BRD bekannt. – In der BRD wurde sie schnell zum Publikumsliebling und „Lilo" genannt.
2. International wurde sie durch ihre Rolle in der Komödie *Eins zwei drei* bekannt. – Die Komödie wurde von dem berühmten Regisseur Billy Wilder in Berlin gedreht.
3. Aber sie filmte nicht nur in Deutschland, sondern auch in anderen Ländern. In Frankreich arbeitete sie an der Seite von Jean Gabin. – Jean Gabin wurde vor allem als Kommissar Maigret bekannt.
4. Liselotte Pulver hat ein sehr herzliches Lachen. – Dieses Lachen wurde ihr Markenzeichen.
5. Sie wurde mit vielen Preisen geehrt. Zuletzt 2012 mit dem SwissAward. – Den SwissAward hat sie für ihr Lebenswerk bekommen.
6. Von 1978 bis 1983 konnte man sie als Lilo in der deutschen *Sesamstraße* sehen. – Die Sesamstraße ist eine beliebte Kindersendung aus Amerika.

🌻 *Filmtipp*

Sehen Sie sich den Film „Kohlhiesels Töchter" an. Lilo Pulver spielt dort zwei Rollen. Beschreiben Sie die Figuren, die sie spielt. Wie wird in diesem Film die Schweiz gezeigt? Was sieht man in diesem Film von der Stadt München?

Unter einem D A CH

Lesen

9 Die Donau.
a) Lesen Sie die Texte schnell und ordnen Sie jedem Thema einen Abschnitt zu.

☐ Geschichte und Kultur ☐ Geografie ☐ Tourismus ☐ Wirtschaft

1. Die Donau ist mit 2888 Kilometern der zweitlängste Fluss Europas. Auf ihrem Weg von West nach Ost durchfließt sie zehn Länder (Deutschland, Österreich, Slowakei, Ungarn, Kroatien, Serbien, Moldawien, Bulgarien, die Ukraine und Rumänien,). Der Fluss entspringt[1] in einem Schlosspark in Donaueschingen (Bayern) und fließt am Leuchtturm von Sulina (Rumänien) ins Schwarze Meer.

2. Die Donau fließt auf ihrem Weg an zahlreichen Denkmälern der Geschichte vorbei: mittelalterliche Burgen und herrliche Paläste. Er verbindet Länder, Kulturen und Familiengeschichten. Woher der Fluss seinen Namen hat, weiß man nicht genau. Man vermutet, dass der Name „Donau" seinen Ursprung in der Sprache der Kelten hat, die früher an dem Fluss lebten. Der österreichische Komponist Johann Strauß hat im Winter 1866/67 einen Walzer komponiert. Er hat den Titel „An der schönen blauen Donau". Heute ist diese Melodie so beliebt, dass sie manchmal „die heimliche Hymne Österreichs" genannt wird.

3. Die Donau ist jedoch nicht nur Geschichte und Romantik. Sie ist auch ein moderner Fluss, der eine wichtige Bedeutung im europäischen Handelsverkehr hat. Fast auf seiner ganzen Länge ist der Fluss für Schiffe befahrbar, er verbindet über den Rhein-Main-Donau-Kanal die Nordsee (Rotterdam) mit dem Schwarzen Meer. Aber auch die Personenschifffahrt wird immer beliebter. Über 113 Kabinenschiffe fahren regelmäßig zwischen Passau und Budapest hin und her und seit 2002 ist auch das Donaudelta wieder mit dem Schiff erreichbar.

4. Überhaupt ist die Donau immer eine Reise wert. Besonders aufregend ist der Donauradweg. Er ist insgesamt fast 1400 Kilometer lang und führt durch vier Länder. Man kann sich seine Touren selbst zusammenstellen und dabei zahlreiche Sehenswürdigkeiten und herrliche Naturparks besichtigen. Es gibt einen Gepäckservice, der einem die Sachen zum nächsten Ziel bringt und wenn die Beine mal zu müde werden, kann man an vielen Stationen aufs Schiff umsteigen.

[1] entspringen: ein Fluss beginnt, das ist die Quelle

b) Lesen Sie die Fragen und markieren Sie in den Texten die Antworten.

1. Wie lang ist die Donau und durch welche Länder fließt sie?
2. Wo endet sie?
3. Woher hat der Fluss seinen Namen?
4. Wer hat den Walzer „An der schönen blauen Donau" geschrieben?
5. Welche Meere verbindet die Donau über den Rhein-Main-Donau-Kanal?
6. Was passiert mit dem Gepäck, wenn man einen Fahrradurlaub an der Donau macht?

10 Zu welchen Textabschnitten auf Seite 92 passen diese Aussagen? Ordnen Sie zu.

Irene Andress (71), *Rentnerin*: „Ich lebe schon mein ganzes Leben an der Donau. Sie hat sich sehr verändert und ist doch auch irgendwie gleich geblieben. Der Fluss und meine Familien gehören zusammen: Mein Großvater ist aus Ungarn und über die Donau hierhin nach Bayern gekommen."

Jonas Beier (15), *Schüler*: „Ich musste eine Hausaufgabe über die Donau schreiben. Zuerst fand ich das langweilig, aber dann habe ich echt spannende Informationen gefunden. Ich wusste nicht, dass sie so lang ist und durch so viele Länder führt."

Andrea und Ralf (beide 39), *Urlauber*: „Wir sind begeistert! Es ist zwar ganz schön anstrengend, aber abends sind wir immer in einem schönen Hotel. Heute haben wir das Puppenmuseum in Donauwörth besichtigt – so süß. Es ist auch herrlich, den ganzen Tag an der frischen Luft zu sein."

Hannes Kern (52), *Kapitän*: „Ich fahre jetzt schon seit 14 Jahren die Strecke Passau – Wien – Budapest – Bratislava – Wachau und wieder Passau. Aber heute gibt es viel mehr Schiffe auf der Donau, denn die Kreuzfahrten sind groß in Mode."

Kommunikation

11 Schweizer Schokolade.
a) Einen Vortrag vorbereiten. Lesen Sie den Text und sammeln Sie die Informationen in einer Tabelle.

Schweizer und ihre Schokalde	Geschichte der Industrie	Produkte

Süße Träume

„Neun von zehn Menschen mögen Schokolade. Der zehnte lügt", das liest man auf einer Häuserwand in Bern. Dem würde wohl jeder Schweizer zustimmen: „Unser liebster ‚Zvieri¹' ist schon immer frisches Brot mit ‚Schoggi'. Aber sie schmeckt natürlich auch ohne Brot, zum Espresso oder auch zum Wein – ach, zu jeder Gelegenheit."
Lange 400 Jahre sind es her, seit Kolumbus als erster Europäer eine Kakaobohne sah und sie nach Europa brachte. Die Schweizer Chocolatiers machten daraus süße Köstlichkeiten wie Torten, Pralinen und Mousse au Chocolat. Die Jahre zwischen 1890 und 1920 waren eine wahre Blütezeit der Schweizer Schokoladeindustrie. Zu dieser Zeit war die Schweiz auch ein gefragtes Ziel für reiche Touristen. Angehörige der obersten Gesellschaftsschichten aus aller Welt verbrachten ihre Ferien in der Schweiz und lernten die Schweizer Schokolade kennen und lieben. So eroberte sie zwischen 1900 und 1918 den Weltmarkt.

1 Zvieri = Zwischenmahlzeit, Snack

b) Einen Vortrag halten. Üben Sie Ihren Vortrag vor dem Spiegel oder nehmen Sie ihn auf.
Ich möchte über die Schweizer Schokolade sprechen. Die Schweizer …
Sie essen sie … / Es gibt sie … / Kolumbus hat … / In den Jahren …

Leben in D A CH 4

Ein See – drei Länder

1 Sehen Sie die Karte an. Ordnen Sie die Länderwappen einem Land zu. Arbeiten Sie mit der D A CH-Karte aus dem Kursbuch. Welches Wappen können Sie nicht zuordnen? Was sehen Sie in der Mitte?

Deutschland:
_____
_____
_____

Österreich:
_____
_____

die Schweiz:
_____
_____
_____
_____

2 Ein Sachtext.
a) Lesen Sie alle Texte: rot, blau und grün. Welches Thema passt zu welcher Farbe?

a) Wirtschaft und Politik   b) Städte am Bodensee   c) Geografisches
_____   _____   _____

b) Bilden Sie drei Gruppen. Jede Gruppe wählt eine Farbe und liest den passenden Textteil noch einmal. Notieren Sie Informationen zu Ihrem Thema.

Das Dreiländereck im Bodensee

Dreiländereck nennt man den geografischen Punkt, an dem drei Grenzen und drei Staaten aufeinander treffen. In Europa hat Österreich die meisten dieser Punkte, nämlich neun. Deutschland hat sieben. Die Schweiz hat sechs. Weltweit hat China mit 16 Dreiländerecken die meisten, während Russland, obwohl von der Fläche her der größte Staat, nur zehn hat.
Im Bodensee befindet sich das Dreiländereck Deutschland-Österreich-Schweiz. Der Bodensee liegt im Alpenvorland. Die Uferlänge beträgt insgesamt 273 Kilometer. Davon liegen 173 km in Deutschland, 72 km in der Schweiz und 28 km in Österreich. Er ist der drittgrößte See Mitteleuropas und hat zwischen Bregenz und Stein am Rhein eine Länge von 69,2 Kilometer.

Die an dem See liegenden Länder haben viele gemeinsame Interessen: Die Förderung des Tourismus in der Region, Umwelt- und Wasserschutz, Verkehr, Bildung, wirtschaftliche und kulturelle Projekte und vieles mehr. Deshalb wurde im Jahre 1972 die Internationale Bodenseekonferenz (IBK) gegründet. Mitglieder sind die am See angrenzenden Bundesländer, Kantone und das Fürstentum Liechtenstein (s. Karte oben). Die IBK bildet ein Netzwerk, das versucht, die Zusammenarbeit in der Bodenseeregion über die Grenzen hinweg zu stärken. Sie koordiniert auch die Außendarstellung der EUREGIO Bodensee.
Europaregion, Euroregion oder kurz Euregio sind von der EU geförderte länderübergreifende Regionen in Europa, oft mit wirtschaftlichem Schwerpunkt. Die Europäische Union erhofft sich neben dem Aspekt der länderübergreifenden Zusammenarbeit auch eine Stärkung der eher schwächeren Randregionen der einzelnen Mitgliedsstaaten. Die EUREGIO Bodensee wurde 1997 ins Leben gerufen. Ganz typisch für eine Euroregion ist das Berufspendeln zwischen den Ländern. So auch am Bodensee: Allein aus Voralberg (A) pendeln fast 15.000 Menschen zum Arbeiten ins Fürstentum oder in die Schweiz, aus Konstanz ca. 6000.

Die Städte **Konstanz** (D) und **Kreuzlingen** (CH) sind sogar zusammengewachsen. Die Landesgrenze verläuft zum Teil mitten zwischen einzelnen Häusern und Straßen hindurch. Obwohl die Schweiz als Nicht-EU-Staat eine andere Währung hat, kaufen die Kreuzlinger gerne in Konstanz ein und viele Konstanzer überqueren tagtäglich die Grenze, um zur Arbeit zu gehen. Es gibt einen gemeinsamen Busverkehr und auch bei der Strom- und Wasserversorgung wird das gleiche Netz genutzt. Auch das Seenachtfest, das jedes Jahr stattfindet, wird von beiden Städten organisiert.

Auch **Bregenz**, die Landeshauptstadt von Voralberg, glänzt mit einem hochmodernen Festspielhaus. Tausende Touristen, und natürlich die Bregenzer selbst, genießen das kulturelle Angebot und besonders das alljährliche „Spiel am See".

3 Expertenrunde. Eine/r aus jeder Farbe bleibt an seinem/ihren Platz und ist Experte. Die anderen tauschen die Gruppen und stellen Fragen. Notieren Sie die Antworten.

Fragen an rot:
1. Was ist ein Dreiländereck und wie viele gibt es in D A CH?
2. Welches Land am Bodensee hat die meisten Kilometer am See? Wie viele genau?

Fragen an blau:
1. Welche Organisation ist älter: die IBK oder die Euregio Bodensee?
2. Was sind die Ziele von beiden Organisationen?

Fragen an grün:
1. In welcher Stadt wird nicht mit dem Euro gezahlt?
2. Welche Feste gibt es wo?

Bildquellenverzeichnis

S. 9: © Fotolia, JackF (Mitte) – © Shutterstock, Ilike (unten) | S. 10: © Fotolia, Benicce (a) – © iStockphoto, stockphoto4you (b) – © Shutterstock, 360b (c) – © Fotolia, Gina Sanders (d) – © Fotolia, Thaut Images (e) – © Fotolia, Boykung (Mitte) | S. 13: © Fotolia, Swetlana Wall (links) – © Cornelsen Schulverlage GmbH, Nicola Späth | S. 14: © Berliner Märchentage, Cathrin Bach | S. 16: © Shutterstock, Rido | S. 17: © Fotolia, Marcin Sadlowski | S. 18: © Fotolia, DOC RABE Media | S. 20: © Picture Alliance, d | S. 21: © Imago, Schöning | S. 22: © Shutterstock, Jorg Hackemann (Mitte links) – © Digitalstock (Mitte oben) – © Fotolia, Opicobello (Mitte rechts) – © iStockphoto, Bonnie Jacobs (unten links) – © Imago/teutopress (Mitte unten) – © Shutterstock, Jo Chambers (unten rechts) – © Digitalstock, K. Vock (ganz unten) | S. 25: © Plant-for-the-Planet | S. 26: © Fotolia, Conopio (links) – © Fotolia, Fefufoto (Mitte) – © Fotolia, Mira (rechts) | S. 28: © Fotolia, Bergfee (oben) – © iStockphoto, Littal (unten) | S. 29: © iStockphoto, Niko Guido (links) – © Imago, Arnulf Hettrich (rechts) | S. 30: © iStockphoto, Albany Pictures (a) – © Imago, Thomas Frey (b) – © Fotolia, Robert Kneschke (c) – © iStockphoto, Sean Locke (d) | S. 31: © Shutterstock, arindambanerjee | S. 33: Shutterstock, Madeleine Forsberg | S. 34: © Fotolia, Robert Hoetink (a) – © Fotolia, Victoria Andreas (c) | S. 35: © Imago, Sabine Gudath | S. 36: © Fotolia, Peter Maszlen | S. 37: © Shutterstock, Cardaf (links) – © Dreamstime, Erik de Graff (rechts) | S. 38: © Fotolia, LianeM (oben) – © WOK World of Kitchen Museum e. V. (unten links) – © Shutterstock, ep-stock (unten rechts) | S. 39: © Messe Berlin GmbH | S. 40: © Fotolia, Michael Neuhauß (oben) – © Messe Berlin GmbH (Mitte) | S. 41: © Fotolia, Silencefoto (links) – © Fotolia, HLPhoto (2. v. links) – © Fotolia, M.Studio (3. v. links) – © Fotolia, HLPhoto (rechts) | S. 46: © Shutterstock, Lamarinx (oben) – © Mauritius Images/ib/Siepmann (unten) | S. 48: © Shutterstock, Tobik/Anch (oben links) – © Kaisers's Reblaube, Marcel Studer (oben rechts) | © Imago/Schöning (Mitte links) – © Fotolia (RF), Blende40 (Mitte Mitte) – © Shutterstock, Shawn Hempel (unten links) – © Fotolia, Be-Ta Artworks (unten Mitte) | S. 51: © Fotolia, Oleksandr Chub | S. 52: © Shutterstock, Nordling (oben) – Wikipedia, Gemeinfrei, © SLQBot (unten) | S. 53: © Fotolia, studioessen (links) – © iStockphoto, Christ Fertnig (unten) | S. 54: © Fotolia, vgstudio (1.) – © Shutterstock, hannahmaria (2.) – © Shutterstock, zouzou (3.) | S. 56: © Fotolia, Tinlinx (a) – © Shutterstock, Tyler Olson (b) – © Shutterstock, Palmer Kane LLC (c) – © Shutterstock, Suzanne Tucker (d) – © iStockphoto, Ivan Mateev (unten) | S. 58: © Cornelsen Schulverlage GmbH, V. Cornel | S. 59: © Fotolia, clickit (oben) – © Shutterstock, Glenda (Mitte) – © iStockphoto, Kristian Sekulic (unten) | S. 60: © Mauritius Images/Westend61 (a) – © Shutterstock, withGod / Shutterstock.com (b) | S. 62: © iStockphoto, Chris Pecoraro | S. 63: © Fotolia, Mathias Rosenthal (links) – © Getty Images, Stockbyte (rechts) | S. 64: © Fotolia, Janina Dierks (oben) – © Fotolia, Anselm Baumgart (Mitte) | S. 65: © Pixelio, Kurt F. Domnik | S. 69: © Shutterstock, Allessandro0770 (oben links) – Wikipedia, CC-by-S. 3.0, © Aconcagua (Mitte oben) – © Fotolia, Lucky Dragon (oben rechts) – Wikipedia, CC-by-S. 3.0, © Aconcagua (unten links) – © Fotolia, babsi_w (unten Mitte) – Fotolia, Fotoimpressionen (unten rechts) | S. 70: © iStockphoto, Moorefarm | S. 71: © Fotolia, Dmytro Konstantynov | S. 76: © Ullsteinbild, Sven Simon (links) – © Bundesarchiv/Bundesregierung, Sven Simon (rechts) |S. 77: © Picture Alliance, dpa/Frank Kleefeldt | S. 78: © Picture Alliance, dpa-Zentralbild/dpa ZB-Archiv (oben, Tränenpalast früher) – © Picture Alliance, dpa-Zentralbild/Jens Kalaene (unten, Tränenpalast heute) | S. 81: © Bundesarchiv, Jörg Kolbe | S. 82: © Shutterstock, Sunny_Baby | S. 85: © Mauritius Images, Flirt | S. 86: © Fotolia, Andres Ello (Mitte) – © Shutterstock, Fedor Kondratenko (unten) | S. 87: © iStockphoto, Dmitry Kutlayev (oben) | S. 88: © Shutterstock, Fly_Dragonfly | S. 90: © Wikipedia, Gemeinfrei, Barbara Krafft | S. 91: © Fotolia, Volodymyr Krasyuk (oben) – © Fotolia, WoGi (2. v. oben) – © Shutterstock, sergo1972 (3. v. oben) – © Fotolia, Anna Kucheroß (4. v. oben) – © Picture Alliance (unten) | S. 92: © iStockphoto, Dieter Hawlan (links) – © iStockphoto, Ray Roper (2. v. links) – Wikimedia Commons, Gemeinfrei, © Fritz Racek (3. v. links) – © Shutterstock, Boris Stroujko (rechts) | S. 93: © Fotolia, Joana Kruse | S. 94: © Shutterstock, GorillaAttack (unten) |S. 95: © Imago/Rust (links) – © Imago, Imagebroker/Siepmann (rechts)

Textquellen
S. 14: © airberlin magazin, Nov./Dez. 2011